PROCUREURS EN FRANCE

Sous la direction
de Jean-Michel Verne

PROCUREURS EN FRANCE

Robert Laffont

ISBN 978-2-221-27087-5
Dépôt légal : octobre 2023
Éditions Robert Laffont – 92, avenue de France 75013 Paris

À Jacques Dallest,
l'instigateur éclairé de ce projet éditorial.
À Arnaud Bédat, parti trop tôt, trop vite.
À toutes celles et ceux
qui ont permis de réaliser cet ouvrage.

La parole est au procureur
par Jean-Michel Verne

C'était un jour de 2019 quand surgit, comme une bombe lancée dans le marécage insulaire, le livre *Juges en Corse*, publié aux éditions Robert Laffont. Pour la première fois, neuf magistrats – et non des moindres – acceptaient de témoigner de leur expérience souvent musclée sur l'île de Beauté, des difficultés rencontrées dans l'exercice de leur métier, tant du fait du contexte très particulier des lieux que des ambiguïtés d'un État englué entre les arcanes souvent obscurs des relations avec les clans nationalistes et l'emprise de la mafia.

Ces témoignages chocs de magistrats fortement engagés dans leur fonction entraîneront des conséquences positives, comme la création de deux comités antimafias qui ne cessent aujourd'hui d'agir pour que l'omerta cède la place à une parole libérée sur fond de violence mafieuse minant la vie sociale. Une formation spécialisée, dénommée « Exercer en Corse », que j'ai eu l'honneur de coprésider avec l'actuel procureur général de Fort-de-France, Patrice Camberou, est par ailleurs organisée depuis trois ans à l'École nationale de la magistrature (ENM).

D'un échange avec Jacques Dallest, ancien procureur d'Ajaccio et acteur clef de *Juges en Corse*, mûrit l'idée d'élargir le cercle, avec l'intérêt évident de continuer à tirer le fil d'une libération de la parole de magistrats au cœur de la vie de la cité. D'où la logique de cet ouvrage consacré aux procureurs de la République, ces hommes et ces femmes qui font quotidiennement la justice en France, gérant 90 % des procédures pénales en interface avec le pouvoir politique national et local, diverses institutions et associations de tous ordres, et, enfin, avec nos concitoyens.

Il fallait relever le défi, croire une fois encore que la parole est le meilleur moyen de faire bouger les lignes, de soulever les plaques d'égout de la République. En deux mots, de raconter le quotidien de ceux qui sont chargés, non seulement de rendre la justice comme leurs collègues du siège, mais de définir les axes d'intervention de l'institution judiciaire dans un contexte évidemment troublé.

Les événements de l'été 2023, avec leur cortège de violences urbaines désormais habituel, placent plus que jamais le procureur de la République au cœur du chaudron. Vous le constaterez au fil des témoignages détaillés de ces pages, la délinquance et son lot de violences ont désormais envahi le quotidien des Français. Qu'il s'agisse de Paris, Marseille, Lyon, Toulouse, Brest, Gap, Bordeaux, d'est en ouest du territoire, du nord au sud, se dessinent les mêmes problématiques, celles notamment des violences intrafamiliales, des agressions gratuites, des atteintes aux biens, des homicides plus violents les uns que les autres, sombres indicateurs de la déliquescence et du profond malaise de notre société.

Certes, certaines régions, notamment au sud de la Loire, ont leurs spécificités culturelles, dont, on le sait, un clientélisme chronique. Mais globalement les mêmes maux se ressentent partout, les affaires aussi, petites ou grandes, comme Maëlys, Dupont de Ligonnès, Delphine Jubillar, Fourniret, Estelle Mouzin, Jean-Claude Romand et tant d'autres qui marquent ces pages.

La France a mal à sa violence, elle souffre et tente, grâce à une institution judiciaire compétente et mobilisée, de soigner ce fléau qui s'immisce dans toutes les strates de la société. Mais la justice, engorgée jusqu'à l'asphyxie, ne parvient plus, faute de moyens, à gérer le flot des trois millions de procédures endormies qui s'amassent dans les commissariats. La France est en état d'urgence judiciaire. Le garde des Sceaux Éric Dupond-Moretti ne s'y trompe pas en bâtissant *in extremis* son plan justice, issue logique des états généraux de la justice mis en œuvre par Emmanuel Macron.

Aucun des intervenants de ce livre n'a baissé les bras, chacun œuvrant des heures et des jours, ne comptant ni son énergie, ni son temps, pour gérer l'ingérable, incarné encore une fois par cette France qui glisse, qui dérape sur la pente raide de la violence, des arrangements entre amis, des fraudes en tous genres, du trafic de drogue, des atteintes à l'environnement et à la santé publique, d'une amoralité désormais valeur cardinale d'un monde en plein bouleversement. Ces témoins clefs ressentent au plus profond d'eux-mêmes ces fractures communautaristes et sociales, cette emprise aussi de plus en plus affirmée du crime organisé sur le sol national, avec, comme objectif, une prise de territoire susceptible à terme de contrôler tant l'appareil politique local que les acteurs économiques afin de convertir en argent « propre » le fruit de ses activités criminelles.

La situation est à tel point tendue que bien des membres du parquet, qu'il s'agisse de substituts, de procureurs adjoints ou de « PR », comme on dit dans le jargon de la magistrature, choisissent de retourner au poste, pensent-ils plus apaisant, de magistrat du siège. Celui-ci œuvre à l'instruction ou dans les audiences, jugeant et jaugeant, assis sur son fauteuil, les éléments d'accusation apportés par des procureurs débordés. Mais ce n'est qu'un répit. Ces mêmes juges seront pourtant pris parfois eux-mêmes dans l'engrenage de l'empilement des dossiers, d'audiences pénales interminables menant parfois au *burn-out*, voire au suicide[1].

Inamovibles, ce qui signifie quasiment intouchables, les magistrats du siège forment le noyau dur de la magistrature dite « assise » par opposition à son homologue « debout », en raison de l'obligation de se lever à l'audience pour requérir face aux prévenus ou accusés, à la défense, aux parties civiles, aux greffiers et membres du tribunal demeurant quant à eux sur leur siège. D'où

1. Le 23 août 2021, Charlotte G., juge placée au tribunal de Béthune – ce qui signifie magistrate itinérante pour compléter l'effectif des tribunaux du ressort –, met fin à ses jours. Une pétition recueille 2 000 signatures de magistrats sur les 9 000 que compte l'ordre judiciaire pour demander une augmentation des effectifs et une réévaluation des charges de travail (Aziz Zemouri, « À Béthune, le suicide d'une magistrate attise la colère des juges », *Le Point*, 22 novembre 2021).

l'appellation « parquet », ou « ministère public », pour désigner ceux qui sont chargés de requérir l'application de la loi et de conduire l'action pénale.

Il ne s'agit pas là d'une simple question de posture : assis ou debout, les deux clans se jaugent, avec parfois une forte défiance : les uns, ceux du siège, estiment que les autres, ceux du parquet, ne sont pas de vrais magistrats, assujettis qu'ils sont à une hiérarchie elle-même dépendante du pouvoir exécutif. En d'autres termes, les « procs » seraient des magistrats « aux ordres » par opposition à l'indépendance affichée de leurs collègues du siège. Ce à quoi les parquetiers rétorquent qu'ils ont l'obligation d'agir avec impartialité, ce qui garantit les droits fondamentaux du justiciable.

Le siège bénéficie d'un régime de nomination protecteur et distinct de celui des parquetiers. Ainsi, les hauts magistrats du siège chargés de rendre des décisions, tant au niveau de la Cour de cassation qu'à celui de la cour d'appel ou du tribunal judiciaire, sont dans un premier temps choisis par le Conseil supérieur de la magistrature (CSM)[1], puis leur nomination est validée par décret du président de la République. Les autres magistrats du siège sont quant à eux proposés par le garde des Sceaux avec avis conforme du CSM. Cet avis lie le président de la République, qui confirme la nomination, toujours par décret, et consacre l'indépendance de l'ordre judiciaire dans ces nominations.

1. Le CSM est un organe constitutionnel chargé d'assister le président de la République dans son rôle de garant de l'indépendance de l'autorité judiciaire. Il joue un rôle majeur en matière de nominations et de sanctions disciplinaires.

La grande question demeure la désignation de leurs collègues du parquet. Ces derniers sont en effet « proposés » par le garde des Sceaux qui sollicite, là aussi, le CSM, à la différence notable que cet avis ne lie pas le pouvoir exécutif. Il demeure cependant rare que la présidence de la République passe outre, ce qui s'est pourtant produit lors de la nomination controversée de Philippe Courroye au poste de procureur de Nanterre en 2007, contre l'avis du conseil[1].

La question de l'alignement du statut des procureurs sur celui de leurs homologues est au cœur de cet ouvrage dans un souci de conformité aux standards européens. À plusieurs reprises, la Cour de justice de l'Union européenne a pointé le manque d'indépendance des procureurs français et leur positionnement dans la procédure, ce qui a eu pour effet de remettre en cause la légalité de certaines de leurs actions. D'où la volonté affirmée de plusieurs des contributeurs de cet ouvrage de réclamer un alignement statutaire jugé indispensable à une époque où la gestion de la grande criminalité nécessite plus que jamais une harmonisation des législations et un développement de la coopération internationale. Mais nous verrons que cet alignement peut en réalité ne pas suffire à calmer les ardeurs de Bruxelles.

Ces hommes et ces femmes qui nous font l'honneur de témoigner dans ces pages nous racontent leur quotidien,

1. Philippe Courroye, critiqué notamment pour sa gestion de l'affaire Bettencourt, a travaillé sur nombre de dossiers sensibles. Ses pairs dénoncent par exemple sa trop grande proximité avec Nicolas Sarkozy (M.E. avec AFP, « Courroye, avocat général à la cour d'appel malgré lui », *JDD*, 3 août 2012).

leurs doutes, leurs questionnements et le poids parfois écrasant de la prise de décision judiciaire. Ils confient également leur inquiétude quant à la réforme en cours de la police nationale qui menace, selon eux, clairement l'expertise de la police judiciaire confrontée à un risque de nivellement de ses compétences.

Plus loin, les pouvoirs accrus du préfet au regard de cette réforme laissent craindre que ce dernier ne vienne se substituer au procureur, jusque-là garant, non seulement de la mise en route de l'action publique, mais de la direction de la police judiciaire et de la prévention des infractions à la loi pénale. De façon plus pragmatique, il est possible d'imaginer que certaines pièces concernant des affaires sensibles, pour l'instant cantonnées aux coffres des tribunaux ou des services de police judiciaire, n'atterrissent directement *via* l'autorité préfectorale sur le bureau de certains ministères, dans une atteinte irréversible au principe de séparation des pouvoirs.

Face à tous ces enjeux, ces acteurs au cœur de la justice nous ouvrent la porte de leur cabinet. Nous y entrons, attentifs, pour entendre leur voix. La parole est désormais au procureur.

Dominique Laurens : « Cette marée de souffrance »

La procureure de Marseille a bourlingué dans les tribunaux sensibles. La rencontre avec les familles de victimes au cours de ses différents postes l'a marquée à jamais.

Deux choses motivent mon entrée dans la magistrature. Tout d'abord, un grand-père résistant, que je n'ai jamais connu, qui travaillait dans les chemins de fer. Il meurt déporté à Dachau, symbole de son engagement pour la France. Le second moteur, ma mère, qui m'enjoint d'être une femme indépendante, d'avoir un métier épanouissant, de ne dépendre de personne. Tout cela me conforte dès l'adolescence dans l'idée de me mettre au service de mon pays et des citoyens.

Je commence dans les années 1980 par un poste de juge d'instruction à Meaux. Je découvre la région parisienne, marquée dès cette époque par la problématique des cités. À Meaux, les truands parisiens viennent larguer les corps de leurs victimes dans la Marne. Beaucoup de dossiers sont en lien avec le banditisme, les braquages des équipes de la banlieue sud. L'un de mes premiers gros clients est Nordine Mansouri dit la Gelée[1].

Un jour, un événement très grave survient : ma prise d'otage. Un prévenu déféré arrache l'arme de l'un des gendarmes lors d'une audition dans mon cabinet. Malgré mon jeune âge – j'ai à peine vingt-sept ans –, je comprends que ma vie peut basculer en quelques secondes. Nous sortons du bureau, il me tire par le bras, actionne la culasse du pistolet. Arrivés dans le hall, nous sommes face à face avec des gendarmes. Le délinquant pose l'arme sur ma tempe et les gendarmes s'écartent. Tout va très vite, le fugitif braque ensuite un conducteur garé sur le parking du tribunal et nous quittons les lieux. Ma grande terreur était d'arriver au péage où tout est possible, y compris le pire en cas d'intervention policière.

Le preneur d'otage me relâche finalement sur la route où un automobiliste me récupère, puis me ramène au palais de justice. Tout le personnel m'attend dans le hall, le président s'avance vers moi : « Ça, c'est le métier qui rentre, madame. » Je remonte dans mon bureau, suivie d'une collègue catastrophée par ce qui m'est arrivé. Je m'assois dans mon fauteuil. Une bouteille de whisky, que j'ouvre à l'occasion avec les policiers pour fêter une belle affaire, traîne dans mon

1. Surnommé ainsi en raison de son extrême froideur, Nordine Mansouri sera considéré au début des années 2000 comme le parrain de la redoutable équipe de Montreuil (Frédéric Vézard, « Le juge piège le caïd parisien », *Le Parisien*, 27 novembre 2000). (Les notes de bas de page sont de Jean-Michel Verne.)

placard. Je n'ai jamais bu une goutte d'alcool de ma vie. J'avale le whisky d'un trait…

*

Beaucoup de dossiers criminels me sont confiés, dont le meurtre de Perrine Vigneron, une petite fille étranglée à Bouleurs (Seine-et-Marne)[1]. Nous en sommes aux balbutiements de l'informatique. Je tape à la machine à écrire, mon prédécesseur rédigeait tout au crayon…

1992 est une année charnière marquant mon passage au parquet, poste que je juge stratégique pour faire avancer notre institution. Direction Évry sous l'autorité de Laurent Davenas qui a une vision du parquet très en avance sur son époque, bien que cette forte personnalité soit souvent décriée par certains collègues. Il construit le parquet tel qu'on le connaît actuellement, mettant en place des alternatives aux poursuites, le traitement en temps réel des procédures, la médiation, les rencontres avec les maires, le travail avec l'association d'aide aux victimes. J'occupe ce poste jusqu'en 1997, période marquée par mon accouchement, ce qui n'est pas rien pour une femme.

1. Cette enfant de sept ans disparaît le 3 juin 1987 alors qu'elle se rend à son cours de poterie. Son corps est retrouvé le 27 juin dans un champ de colza à Chelles. Trois autres petites filles sont enlevées, violées et assassinées dans le secteur entre mai et juin 1987. Le dossier est désormais traité par le pôle *Cold cases* de Nanterre (Alix Mancel, « Plus de 35 ans après le meurtre de Perrine Vigneron, la piste d'un tueur en série étudiée », site BFM, 28 mai 2023).

C'est l'heure de ma première affectation de procureure de la République à Soissons, l'une des périodes les plus heureuses de mon existence. Pourtant, dès mon arrivée survient une série de meurtres sans précédent, dont l'un dans la communauté chinoise. Des équipes de truands chinois viennent détrousser des restaurateurs asiatiques. L'une des victimes décède, tuée à coups de couteau sous le regard de sa femme et de sa petite-fille. Les affaires s'amoncellent : un adjoint au maire abattu par un employé de sa société d'un coup de fusil de chasse qui lui arrache le visage, un jeune assassine un autre gamin d'une balle dans la tête, un notaire mis en cause dans une affaire de proxénétisme…

Sur le plan institutionnel, les premiers contrats locaux de sécurité apparaissent. J'ai le souvenir d'interminables grands-messes à la préfecture, réunissant autour de la grande table trente-neuf hommes et… une seule femme, moi. J'entends encore les propos ahurissants de machisme tenus par un commandant de gendarmerie sur la place de ces dernières dans son unité. Je note au passage que je fais partie de ces mères contraintes de payer des baby-sitters pour assister à des réunions de travail programmées à vingt heures. Quand je regarde en arrière, je regrette que mon fils ait vécu des années difficiles, sans compter les jours où je l'ai… oublié à l'école. Il est présent avec moi quand le palais de justice est assiégé par des forains après que certains d'entre eux ont tabassé de jeunes clients. Des gendarmes en arme exfiltrent mon petit garçon qui en sort traumatisé. C'était décidément une autre époque. Nous n'avions pas à disposition les outils modernes d'aujourd'hui ;

mon premier portable, je l'ai acquis sur mes deniers personnels.

*

Mon univers change du tout au tout comme substitut général à la cour d'appel de Reims. Le terrain est loin. Il s'agit maintenant de préparer les dossiers pour les audiences, dont celle du procès Fourniret qui se tient à Charleville-Mézières. Nous sommes confrontés aux familles des petites victimes, examinons leurs desiderata, dont l'aménagement de l'espace du procès. Ces gens sont exemplaires, d'une dignité et d'un calme étonnants. Je n'ai reçu aucune récrimination. Les avocats, qu'il s'agisse de ceux de la défense ou des parties civiles, sont formidables.

Fourniret est désormais en route vers le box de la cour d'assises de Charleville[1], et me voilà, en 2007, nommée de nouveau procureure de la République, cette fois-ci à Châlons-en-Champagne, la ville de mon grand-père. Je suis pleine d'émotion quand j'assiste aux cérémonies de commémoration de la Résistance devant la prison. Je sais qu'il a été incarcéré là, qu'il est sorti

---

1. Michel Fourniret est condamné en 2008 à la réclusion criminelle à perpétuité incompressible pour le meurtre de sept jeunes filles entre 1987 et 2001. Sa compagne, Monique Olivier, écope de la même peine assortie d'une période de sûreté de vingt-huit ans. Celui que l'on surnomme l'ogre des Ardennes est par ailleurs de nouveau condamné à la réclusion à perpétuité en 2018 dans un dossier crapuleux. Atteint de multiples pathologies, il décède en mai 2021 à l'hôpital de la Pitié-Salpêtrière (Jean-Michel Décugis et Vincent Gautronneau, « Le tueur en série Michel Fourniret est mort à l'hôpital à l'âge de 79 ans », *Le Parisien*, 10 mai 2021).

par cette lourde porte pour rejoindre son funeste destin. Ce passage est un grand moment d'engagement professionnel marqué par les assises à Reims et des émeutes urbaines avec un mort à Vitry-le-François.

Je me retrouve à Évreux de 2010 à 2015. Pour la première fois, je dispose de procureurs adjoints, de services spécialisés – mineurs, financiers, exécution des peines… Des cités comme la Madeleine subissent de grosses violences urbaines. Un phénomène de ghetto social s'installe. Des affaires marquantes se succèdent, comme cet homme qui assassine sa femme et ses deux petites filles. Seul son fils parvient à s'échapper.

Mais le dossier le plus terrible, le plus sordide, survient à Gisors. L'affaire Mannechez met en scène un père incestueux qui a un fils avec sa fille, qu'il tue par la suite dans un garage. Sur le plan humain, il s'agit désormais d'accompagner, de donner ; pas question de se réfugier derrière sa fonction de procureure. On est le réceptacle de la douleur de ces gens massacrés par leur père, par la justice aussi[1]. On ne peut oublier ces

1. Dominique Laurens fait ici référence au fait que le père incestueux est jugé dans un premier temps pour des viols répétés sur ses deux filles Betty et Virginie, avec laquelle il aura un enfant. Le verdict de la cour d'assises d'appel est étonnamment clément : cinq ans de prison dont deux ferme, ce qui interpelle. Le couple père-fille retourne vivre maritalement à Plainville dans l'Oise. En 2014, alors que Virginie tente de s'échapper de l'emprise de son père, ce dernier pénètre, armé, dans le garage où travaille sa fille, abat le gérant avant de tirer sur Virginie qui manœuvre une dépanneuse et décède. Le père meurtrier est condamné pour ces faits à la réclusion criminelle à perpétuité en décembre 2018 et meurt deux ans plus tard d'un arrêt cardiaque (Pascale Égré, « Double meurtre de Gisors. L'emprise d'un père incestueux sur son clan familial », *Le Parisien*, 2 décembre 2018).

moments où les victimes ont besoin de vider leur sac. Fort heureusement, je peux, avec mes adjoints, débriefer ce que nous venons de prendre dans les tripes. Je m'étonnerai toujours que derrière cette marée de souffrance, des gens parviennent à se transcender en posant les choses calmement, dignement.

Des violences, des tortures sont relevées dans cette affaire Mannechez. L'accusé contraint son fils à s'agenouiller sur une règle durant des heures pour le punir. Quant aux filles, elles participent à des orgies avec les parents. Je ne parviens toujours pas à comprendre que des collègues du siège et du parquet n'aient pu, lors du procès pour viols, convaincre un jury que le père était un pervers. J'avoue que cette décision m'a remuée.

*

De retour à Meaux, je constate que la configuration a changé depuis mon premier passage. L'effectif du parquet est passé de cinq à dix-huit magistrats. La ville en elle-même ne pose plus de problèmes. Le maire Jean-François Copé implante un programme de sécurité et de prévention de la délinquance, un modèle du genre avec vidéoprotection et une police municipale de premier plan. Une équipe dédiée s'installe à la mairie.

Si Meaux est épargné, d'autres villes du ressort comme Torcy ou Noisiel souffrent d'une proximité avec la Seine-Saint-Denis. Désormais, on voit des trafics de stups de grande échelle dans les cités, des affaires de proxénétisme avec de très jeunes filles prostituées par d'autres jeunes.

La période qui s'étale de 2015 à 2020 marque une bascule dans l'intensité criminelle à Meaux. Je suis confrontée à des affaires sordides liées à la présence de campements de Roms, dont la vente d'un bébé à une famille de gens du voyage. Mais, indiscutablement, le moment fort se concentre autour d'une affaire ancienne qui réapparaît : Estelle Mouzin, disparue le 9 janvier 2003 à Guermantes en rentrant de l'école.

Ce dossier sent la patte malfaisante d'un Fourniret que je connais bien. Une nouvelle juge d'instruction s'en empare, se heurtant à une PJ qui se refuse de façon inexpliquée à rouvrir la piste du serial killer… Des liens se tissent alors entre la magistrate et sa collègue Sabine Khéris, chargée de l'affaire Fourniret à Paris. De mon côté, je découvre en épluchant les procès-verbaux que, questionné par un policier sur sa présence à Guermantes, Fourniret a répondu : « Ah oui, Guermantes, à l'ombre des jeunes filles en fleurs ! » Connaissant le personnage, cette remarque n'a rien d'anodin. Mais la juge de Meaux ne parvient pas à faire bouger les enquêteurs, à les pousser à s'interroger sur leur propre rôle dans le dossier.

Confrontée à cette situation de blocage, je rédige une requête en dépaysement[1] à Paris en vue d'une bonne administration de la justice. Si une personne peut réussir à faire parler Monique Olivier, c'est Mme Khéris[2].

1. Le dépaysement d'une procédure consiste à transférer pour une bonne administration de la justice une procédure d'une juridiction territorialement compétente vers une autre, en vertu des dispositions du Code de procédure pénale.

2. Le 6 mars 2020, Sabine Khéris, alors doyenne des juges d'instruction au tribunal judiciaire de Paris, présente à Michel Fourniret une photo

La Cour de cassation autorise le dépaysement. Au préalable, on se rend sur place avec la juge d'instruction pour retracer le parcours d'Estelle entre l'école et son domicile le jour de sa disparition. Tout trahit la technique de prédation de Fourniret, avec une enfant qui a confiance en l'adulte. C'est une proie facile pour le prédateur. Quant au corps, il est introuvable. Or, Fourniret étant désormais décédé, il y a peu d'espoir de retrouver les restes d'Estelle[1].

*

Le 10 février 2020, je débarque à Marseille dans le contexte du Covid. Nous nous réunissons dans un palais désert, la présidente du tribunal, Isabelle Gorce, la direction de greffe, le bâtonnier de l'ordre des avocats, et moi. Les rues sont vides, les policiers n'exercent plus, ou seulement en télétravail. Je reçois comme cadeau de bienvenue un règlement de comptes et trois tonnes de cocaïne saisies à Saint-Mitre-les-Remparts[2].

---

de la petite Estelle Mouzin. Il répond dans son style très personnel : « Je reconnais un être qui n'est plus là par ma faute. » La magistrate a depuis pris la direction du nouveau pôle dédié aux *cold cases* à Nanterre (Vincent Vantighem, « Qui est Sabine Khéris, la juge qui a fait avouer Michel Fourniret ? », *20 minutes*, 17 février 2022).

1. En juin 2023, Monique Olivier est renvoyée aux assises pour complicité d'enlèvement d'Estelle Mouzin en 2003, dans l'enlèvement et le meurtre de Marie-Angèle Domèce en 1988, de Joanna Parrisch en 1990 (Simon Marseille, « Monique Olivier renvoyée aux assises : pour le père d'Estelle Mouzin "c'est le cours normal des choses" », site RTL, 24 juin 2023).

2. En réalité, la drogue est saisie par les policiers italiens accompagnés de leurs homologues français de l'Ofast et d'Europol dans un conteneur de purée de banane sur le port de Livourne. La drogue dissimulée

Pour la première fois, j'ai une grande ville sous ma responsabilité et pour mission de mettre en place des structures plus modernes dans l'organisation du parquet de Marseille, de remettre les choses en place. La structure a peu évolué, de nouvelles législations ne sont pas appliquées pleinement comme la comparution sur reconnaissance préalable de culpabilité (CRPC) en défèrement. Les logiciels métiers ne sont toujours pas mis en place alors même qu'ils sont implantés depuis 2018. On me dit : « C'est trop compliqué. » Je note l'absence de terminal de carte bleue pour payer les amendes au bureau de l'exécution. Aujourd'hui, il fonctionne.

Je m'initie assez vite à l'ambiance des cités, Isabelle Gorce me mettant au parfum. Il est effrayant de voir l'état dans lequel se trouvent ces ensembles immobiliers alors que j'ai pu constater ce que d'autres ont mis en place dans le nord du pays. Certes, l'ampleur de la tâche semble démesurée, mais on perçoit un immense gâchis. Qu'a-t-on fait pour ces quartiers depuis les années 1990 en termes de réhabilitation ? Rien n'égale ce que j'ai vu à Marseille, des habitants en danger de mort avec des cages d'escalier bloquées par les dealers, des services de police qui vident les lieux, puis trois jours, voire trois heures plus tard, le ballet recommence.

---

dans quatre-vingt-dix sacs de sport est alors remplacée par un produit de substitution. La marchandise reprend son voyage vers le terminal de Fos-sur-Mer pour atterrir dans une villa de Saint-Mitre-les-Remparts où trois suspects sont interpellés (Bastien Munch, Fabien Le Du, « Une saisie record de 3,3 tonnes de cocaïne dans un conteneur à destination de Marseille », site France Bleu/France 3, 28 février 2020).

La flambée des règlements de comptes prend naissance à l'été 2021, la fièvre n'est pas redescendue depuis. La PJ analyse tout : les alliances, les trahisons, les vengeances, les trafics. On tue pour impressionner, pour dire : « Je suis là, ce point de stupéfiants je le revendique. » Certains tirent sur tout ce qui bouge sans cible prédéfinie. On tue aussi dans un vrai « règlement de comptes », je t'élimine car tu es un concurrent ou je t'affronte pour tes actes. Les morts s'accumulent et les schémas de structures commerciales complexes, bien évidemment, ne passent pas devant le notaire.

À Marseille, une circulaire de politique pénale territoriale vise à lutter contre les trafics d'armes, de stups, le blanchiment, un domaine dans lequel les services de l'Office antistupéfiants (Ofast) doivent se spécialiser davantage. Quant aux règlements de comptes, le champ d'action est colossal. Toute une population endure un amoncellement de maux que la police et la justice ne peuvent pas résoudre à eux seuls. Des enfants souffrent, vivent au milieu des immondices, des tirs d'armes de guerre, des meurtres se déroulent sous leurs yeux, ils les filment même parfois. Leurs mères et leurs pères subissent des violences, sont pris dans les mailles du trafic pour servir de nourrices.

Notre engagement police/justice est essentiel car nous devons montrer à nos concitoyens que l'action quotidienne des forces de sécurité se traduit par une procédure judiciaire et un procès devant le tribunal, puis par une décision de justice. Notre réalité est très différente de ce que professent certains commentateurs ou polémistes. Il est parfois très décourageant d'entendre toujours les mêmes réflexions sur le laxisme de la justice alors même que notre quotidien est fait de déferements, de décisions rendues en audience, mais aussi de débats contradictoires se terminant parfois très tard le soir ou très tôt le matin. Lorsqu'un collègue termine sa journée à trois ou quatre heures, voire six heures du matin, après avoir assumé avec le juge des libertés et de la détention tous les débats contradictoires, comment peut-il réagir en entendant que nous ne faisons rien, que nous relâchons sur-le-champ les délinquants ? Nous évaluons fort bien la situation de la détention dans notre ressort des Bouches-du-Rhône.

Face à une accumulation d'actes graves, de crimes de sang-froid commis de plus en plus fréquemment par des jeunes contre des jeunes, la police judiciaire mène un travail remarquable. Il est difficile pour les enquêteurs de se poser pour réfléchir, d'analyser ce qui se passe tant le volume des affaires est considérable. Ainsi, la sûreté départementale, constatant l'augmentation effrayante des atteintes sur les jeunes femmes, est dans l'obligation de créer un groupe dit « viols ». Ce service rencontre également des difficultés pour traiter les atteintes commises contre les mineurs dans la sphère familiale, ou à l'extérieur. Ces affaires désarçonnent souvent les enquêteurs par ce qu'elles révèlent du comportement humain.

*

Dans ce contexte très lourd, d'une dureté inouïe, l'annonce de la réforme de la police crée un malaise, déstabilise des fonctionnaires solides investis dans leur mission. Quant à nous, au parquet, nous sommes au bout de la chaîne. Nos compétences sont très élargies, notre ressort territorial s'étendant sur plusieurs régions. La Jirs couvre les tribunaux judiciaires de quatre cours d'appel, dont la Corse. Nous devons intégrer et comprendre d'autres structures de réseaux criminels, tant dans le domaine de la criminalité organisée qu'en matière économique et financière. La drogue est une gangrène qui se répand partout, mais des fraudes diverses et variées foisonnent dans tous les domaines. Il est toujours étonnant de voir l'ingéniosité de certaines personnes pour s'approprier des fonds publics en dehors de toute règle, pour détourner nos impôts… Nous sommes très attendus aussi sur le jugement des atteintes à la probité par les élus de la République. À mon arrivée, j'ai reçu la mission de faire juger l'affaire dite Guérini qui était en cours depuis des années[1].

Pour les pôles spécialisés environnement, santé publique, accident collectif, c'est encore plus élargi.

---

1. Ouvert en 2009 sur le fondement d'une lettre anonyme, le dossier concerne notamment l'ancien président PS du conseil général des Bouches-du-Rhône, Jean-Noël Guérini, et son frère Alexandre, patron de plusieurs sociétés de traitement de déchets. L'élu par ailleurs sénateur est condamné en appel à trois ans de prison dont dix-huit mois fermes pour des malversations sur des marchés publics au profit de son frère. Ce dernier écope le même jour de six ans de prison ferme. Lors de l'audience, l'avocat général Pierre-Jean Gaury accuse Jean-Noël Guérini d'avoir « utilisé ses fonctions dans un intérêt personnel et contribué à décrédibiliser l'institution » (« Jean-Noël Guérini condamné en appel à de la prison ferme et cinq ans d'inéligibilité pour trucage de marchés publics », *Le Monde* avec AFP, 30 mars 2022).

Les attentes des Français sont très grandes sur tous ces sujets. Nous avons aussi des compétences concernant les infractions militaires et les pollutions maritimes.

Le parquet de Marseille est toujours une source inépuisable de contentieux très divers nécessitant de grandes expertises de nos collègues. L'actualité se fait aussi l'écho de toutes ces « affaires ». La violence sur place est très étonnamment banalisée. Je déplore le peu d'échanges avec les élus sur ces faits, alors que ce sont des jeunes, voire des très jeunes, qui perdent la vie. Comment expliquer que des gamins qui vendent de la drogue meurent à quatorze ans ?

Nous avons évidemment sur ce point des difficultés à établir des liens avec les familles. Certaines ne sont pas toujours très claires dans leur positionnement vis-à-vis de l'enquête, refusant de parler dans un climat d'omerta. Lors d'une rencontre avec une association, j'ai noté ce clivage entre les familles qui sont totalement hors du champ des trafics et celles dont les victimes sont membres des réseaux.

Cette ville est étonnante par ce qu'elle révèle de ces organisations criminelles fluctuantes avides d'argent. Les trafiquants consomment énormément eux-mêmes dans un Marseille marqué par des habitudes de fraude, une culture des arrangements entre amis, surprenantes. Je pense que depuis Paris, il est difficile de se rendre compte de notre rôle dans tous les domaines et de la gangrène qui se répand dans bien des secteurs à travers l'argent des trafics de stupéfiants. La capacité des malfaiteurs à obtenir des informations sur certaines enquêtes, les passe-droits, les petits trafics en tous genres sont très étonnants et inquiétants.

Mener une vraie opération *mani pulite* à Marseille nécessite des effectifs en investigations judiciaires, police, gendarmerie, douanes, magistrats, en greffiers et fonctionnaires de justice avec une attention permanente pour que ces effectifs soient stabilisés avec une capacité d'adaptation immédiate. Nous devons en effet lutter contre le trafic de stupéfiants en nous positionnant sur la revente par des enquêtes longues sur le cheminement du produit. L'Ofast le fait en priorité.

Mais nous devons suivre également les réseaux financiers, les flux qui remontent du trafic de stupéfiants. « Le produit se remplace mais pas l'argent », disait l'un de nos collègues italiens. C'est une réalité. La question du blanchiment nous préoccupe, guide les stratégies d'enquête que nous définissons actuellement avec les services spécialisés.

D'un point de vue plus personnel, deux affaires témoignent de l'intensité de la violence de la cité : le meurtre d'une femme dans son parking à La Capelette par un individu souffrant de troubles du comportement[1] ; puis celui d'un médecin militaire dans les quartiers nord[2]. J'ajouterai à cette sombre liste les attaques

1. La victime est rouée de coups, frappée à la tête alors qu'elle sort d'un parking. Le meurtrier couvert de sang est interpellé peu après par une patrouille de police (Christophe Van Veen, « Une femme tuée à la sortie d'un parking à Marseille », site France Bleu et France 3, 9 mai 2022).

2. Alban Gervaise, quarante et un ans, médecin chef à l'hôpital militaire Laveran, est tué de plusieurs coups de couteau le 10 mars 2022 devant l'école où il venait chercher ses deux fils de trois et sept ans. L'agresseur,

de policiers suivies de la mort des assaillants, en particulier l'agression de policiers municipaux au début de la guerre en Ukraine[1]. Ces actes sont gratuits, sauvages, sans aucun mobile. La dignité des proches de ces victimes, qu'il s'agisse de l'épouse du médecin, ou du compagnon de la dame tuée à La Capelette, m'a émue.

Je suis indignée par la violence qui s'exprime à Marseille. Je n'ai jamais vu cela ailleurs, la gratuité du geste, la cruauté, la sauvagerie. Cette hyperviolence contraste avec la carte postale touristique de la ville décrite comme *the place to be*. Ce qui me frappe le plus, ce sont ces enfants jouant dans les cités à côté de trafiquants avec leurs lunettes noires qui contrôlent l'accès, ces mamans qui arrivent avec leurs petits pour quémander l'autorisation de passer, ces pères de famille qui baissent la tête. Et je relève la gentillesse des habitants de ces quartiers, leur volonté de faire quelque chose, d'agir, de s'en sortir, qui est réconfortante.

Notre action répressive est entravée par la situation de la pénitentiaire et l'inadaptation des structures carcérales au regard de la poussée des actes de délinquance graves. L'état de surpopulation carcérale interroge, alors même qu'à Marseille, nous nous sommes engagés sur la mise en œuvre des aménagements de peines. Ici, lors de

---

Mohamed L., déclare avoir agi « au nom de Dieu », mais la piste terroriste est écartée par les conclusions de l'enquête.

1. Le 12 mars 2022, quatre policiers en faction devant la mairie de Marseille à l'occasion d'une collecte humanitaire pour l'Ukraine sont agressés par un individu muni d'un couteau (B.D. avec M.Ce., « Marseille, un policier municipal blessé, l'agresseur abattu », site 20 minutes, 12 mars 2022).

la découverte d'une victime de règlement de comptes, la première chose à faire est de soulever le pantalon, de constater le port ou non d'un bracelet électronique... Comment ne pas s'inquiéter de voir des individus continuer à piloter leur trafic depuis la prison ? On a même vu des feux d'artifice tirés devant Les Baumettes pour signaler la réussite d'une opération...

Comme beaucoup de mes collègues procureurs, je n'ai pas caché mon inquiétude concernant la réforme de la police. Je le dis officiellement : on ne sait toujours pas où l'on va. Les policiers connaissent une incertitude dans leur situation personnelle, ce n'est pas bon pour le travail. Les « PJistes » sont des hommes et des femmes très engagés dans leur mission. Vous leur ôtez leur raison d'être, tout s'effondre. Cela me fait peur pour eux et pour nous. Une sorte de roman épique se dessine, l'histoire des brigades du Tigre. Leur dire : « Tu vas faire autre chose » les fragilise.

La réforme du statut du procureur, je n'y crois plus guère. Je suis assez pessimiste, craignant que nous ne soyons réduits à un simple service de l'État appliquant purement et simplement les consignes. Le jour où cela arrivera, j'espère ne plus être en fonction. Je demeurerai inquiète pour mes collègues si engagés, si soucieux d'incarner les intérêts de la société, de la loi, de préserver les libertés individuelles. Nous représentons la société, le peuple français, nous ne sommes pas des accusateurs publics. Je dois pouvoir dire à l'audience : « J'abandonne les charges », je dois pouvoir définir des priorités locales qui ne sont pas repérées sur le plan national.

Nous craignons de nous voir imposer ce rôle d'accusateur dans une stricte phase accusatoire pour nous ramener à une simple fonction de partie au procès. Nous y perdrons à la fois notre institution et notre spécificité. Un simple alignement du statut des magistrats du parquet en termes de nominations sur celui des magistrats du siège serait une évolution notable, mais rien n'avance depuis des dizaines d'années. Or cela représenterait une vraie garantie dans notre exercice professionnel.

Notre indépendance d'esprit, notre capacité à travailler nos enquêtes, définit notre spécificité. Je tiens à souligner que je suis très fière de tous ces jeunes magistrats qui forment des équipes formidables, fortement attachés à leur rôle de gardiens des libertés publiques. Contrairement aux idées reçues, jamais nous ne recevons d'instructions du ministère, la pression, on se la met soi-même. La seule fois où le garde des Sceaux Éric Dupond-Moretti a appelé, c'était pour souhaiter une bonne année au magistrat de la permanence de nuit le 1er janvier.

Dietlind Baudoin : « Je sens que je ne parviendrai pas à l'atteindre »

Procureur à Bourgoin-Jallieu, elle a géré les premiers jours de l'affaire Maëlys. Sa rencontre avec Nordahl Lelandais constitue un moment fort de sa carrière.

Devenir magistrate était mon intention première en entrant à la faculté de droit. Je n'envisageais guère de choisir le parquet, mais un stage au cours de ma formation à l'ENM a provoqué un vrai coup de cœur pour la fonction que je n'ai plus jamais quittée depuis mon premier poste à Albertville. J'apprécie le travail de groupe avec mes collègues, avec les enquêteurs, avec notre hiérarchie, un travail qui permet de bénéficier de l'expérience des autres pour suivre un dossier de A à Z, de la saisine à l'exécution des peines. Être procureur donne une vision précise non seulement de l'état de la délinquance sous toutes ses formes dans un ressort, mais aussi de la situation socio-économique.

J'ai décidé de demeurer dans de petites juridictions, un choix personnel, car je préfère être au contact des locaux, et mon mari exerce un métier qui ne lui permet pas la mobilité. Après Albertville, j'ai connu Bourgoin-Jallieu durant trois ans comme substitut, puis Chambéry pendant huit ans, avant de retourner à Bourgoin en 2016 comme procureur de la République jusqu'au début 2023. Je suis résolument une femme de terrain et, désormais, une femme de la région.

Officier dans une petite juridiction ne nous expose pas aux grands enjeux des grandes structures. Prévaut cependant le sentiment d'être le couteau suisse qui peut tout traiter, avec, comme revers de la médaille, une disponibilité sans faille. Dans un tribunal qui compte trois ou quatre magistrats se forme une sorte de communauté au sein de laquelle le procureur fait figure d'urgentiste, de médecin généraliste qui doit opérer partout à fois, tout en veillant à adresser à temps les affaires au pôle de l'instruction ou à la juridiction interrégionale spécialisée (Jirs).

Bien entendu, des dossiers marquent plus que d'autres, notamment tout ce qui touche à l'intégrité des personnes, et notamment les agressions sexuelles. Quand on débarque à son premier poste alors que l'on a connu une vie normale dans une famille qui l'est tout autant, ces affaires nous renvoient à une misère sociale que l'on n'imaginait même pas.

Certaines situations sont sordides, à l'image de cette jeune fille qui déclare aux policiers avoir été violée à plusieurs reprises par les amis de sa mère alcoolisée au dernier degré. La mère et les enfants vivaient dans une « maison » composée d'une pièce unique, sans salle de bains. La femme, imbibée d'alcool, jouait aux cartes du matin au soir avec des « pochtrons » qui lui faisaient quelques menus travaux dans ce taudis minable. En échange, les invités se « payaient » sur les enfants. Je regrette que la première enquête n'ait pas creusé plus loin que le cas de la jeune fille car des faits similaires avaient été évoqués sur d'autres enfants.

La façon de traiter ces enquêtes a fort heureusement beaucoup évolué ces dernières années, et l'on ne travaille plus comme autrefois sur une victime et un auteur, mais également sur toutes les victimes que cet auteur aurait pu faire. Parfois, on se dit qu'on a touché le fond, mais le trou s'agrandit toujours. Un dossier sordide est remplacé par un autre.

L'affaire du père Dufour demeure emblématique. Des soupçons d'agressions homosexuelles pèsent sur ce prêtre de Saint-Jean-de-Maurienne après le suicide de Sébastien, un jeune paroissien. Les parents médiatisent l'affaire. L'un des enquêteurs me confie : « Nous avons toujours eu des soupçons sur lui, mais nous n'avons pu l'accrocher. » Je lui réponds : « On a un dossier, une nouvelle occasion de gratter, on travaille. »

Cette nouvelle enquête a permis de révéler des faits concernant des personnes fragiles, des SDF, des gens de passage à la paroisse. Je n'ai pas requis lors de l'audience d'assises, mais j'étais présente dans la salle lors des réquisitions de l'avocat général. J'entends encore quelques fidèles venus soutenir le curé, commentant les propos tenus dans la salle d'audience et affirmant que les victimes « mentaient », ce qui témoigne de l'emprise de l'homme sur ces derniers. Le travail des enquêteurs et du juge d'instruction, les dossiers classés sortis des armoires et entièrement repris ont permis de caractériser les infractions[1].

Pour parvenir à ce résultat, il convient d'être à l'écoute des enquêteurs afin de les mettre en confiance dans l'échange d'informations. Sur ce premier poste, il y a maintenant presque vingt-cinq ans, il fallait parfois s'affirmer face à certains policiers ou gendarmes en tant que femme. Il m'est arrivé à Albertville de mettre les choses au point avec un vieil enquêteur un tantinet misogyne, en lui lançant avec colère : « Si vous me cachez des éléments, comment voulez-vous que je prenne les bonnes décisions et que nous travaillions en harmonie ? » Le discours a porté. La féminisation de la magistrature, pourtant déjà bien en marche à cette époque, a définitivement gommé cette difficulté dans les relations avec les enquêteurs.

Un procureur doit pouvoir se fier à ses services d'enquête, comprendre comment sont survenus les faits ; d'où mon besoin d'être présente sur le terrain, par exemple, dans le cas d'avalanches mortelles, moi qui ne suis pas montagnarde. Même remarque pour les homicides, les accidents graves. La présence conduit à une meilleure compréhension des faits, et au respect.

Je me souviens d'un dossier de violences conjugales extrêmement sérieux à Bourgoin-Jallieu, où un enquêteur m'explique que la victime craignant pour sa vie a sauté du deuxième étage d'un immeuble avant de se fracasser au sol. L'auteur des faits est descendu

1. « Pédophilie : l'abbé Dufour condamné à 15 ans de prison », *Les Échos*, 29 mai 2006.

la ramasser, pantelante, sous les yeux de ses amis qui ont préféré ignorer la situation, avant de la remonter à son domicile et de lui porter de nouveaux coups. Je me rends sur place pour comprendre la configuration des lieux, pourquoi elle a eu peur à ce point. Je ressens un malaise chez les gendarmes, l'un d'eux m'avouant avec gêne qu'ils n'en sont pas à leur première intervention, mais qu'aucune procédure n'a été diligentée jusque-là… Je ne l'aurais jamais su si je ne m'étais pas rendue sur le terrain. Là encore, l'évolution dans le traitement du contentieux des violences conjugales ces dernières années ne permet plus de passer sous silence ce type d'intervention qui serait immédiatement judiciarisée.

La présence sur le terrain s'applique aussi aux autopsies. Avant la réforme du schéma national de la médecine légale en 2011, ces expertises s'opéraient en local. À Chambéry, le médecin légiste avait un cabinet de pédiatrie et pratiquait les autopsies avant l'ouverture de son cabinet. J'y assistais régulièrement afin de mieux appréhender le dossier, d'échanger avec l'expert et de montrer aux enquêteurs que je ne participais pas qu'aux bons moments. Dans le même esprit, tant à Chambéry qu'à Bourgoin, prendre part, même très ponctuellement, à une patrouille avec l'équipe de nuit permet de mieux nous connaître et de se confronter aux difficultés du terrain.

*

Nous sommes à Bourgoin-Jallieu le 27 août 2017. L'affaire Maëlys me tombe sur les épaules par le biais d'un appel un dimanche entre quatre et cinq heures du matin. L'officier de police judiciaire de permanence à la brigade du Pont-de-Beauvoisin, dans l'Isère, m'explique qu'une fillette de huit ans qui participait à une fête de mariage a disparu depuis une heure du matin, ce qui nous semble immédiatement inquiétant. L'enquêteur a eu le bon réflexe de mettre en préalerte la section de recherches et les services spécialisés pour fouiller les alentours et le Guiers, la rivière qui traverse le village.

Maëlys ne donne pas signe de vie dans la journée, ce qui nous conforte dans l'idée de la piste criminelle. Le correspondant local du *Dauphiné libéré* étant encore en vacances ce jour-là, nous pouvons décider comment médiatiser au besoin cette disparition. Nous lançons effectivement un appel à témoins dans la presse en fin de journée. De son côté, la gendarmerie utilise sa force de frappe pour déployer un nombre incroyable d'enquêteurs sur le terrain afin de combiner les recherches de Maëlys et les premiers actes d'enquête, nombreux – enquête de voisinage, récupération de vidéos, etc.

Mes collègues étant en congé, je me retrouve seule au parquet. Une liste de quatre suspects présents au mariage se dessine. Dès le lundi soir ou le mardi matin, Nordahl Lelandais figure en tête, à la suite de la saisie d'une étrange vidéo où l'on voit le suspect laver sa voiture de fond en comble. Ses déclarations sur l'impérieuse nécessité de nettoyer le véhicule dans la matinée de dimanche nous semblent peu cohérentes.

Il convient de gérer l'enquête, la presse et, encore une fois, je suis seule, ce qui me conduit à déployer, comme on l'appellerait maintenant, un plan de crise :

deux auditrices de justice reprennent la permanence. Mon téléphone professionnel sature à cause des appels de journalistes. J'échange avec les enquêteurs *via* mon numéro personnel et effectue chaque soir un point d'enquête avec les gendarmes réfugiés dans une brigade routière anonyme aux Abrets, dans le but d'échapper à la presse agglutinée autour de la gendarmerie de Pont-de-Beauvoisin.

Nordahl Lelandais est placé en garde à vue le jeudi matin à la suite d'un *briefing* avec les enquêteurs au sujet de la *short-list* que nous avons dressée. Le commandant de la section de recherches souhaite placer les quatre suspects en garde à vue. Je m'y oppose, la priorité demeure Lelandais. Je suis en outre dans l'incapacité de suivre les quatre auditions concomitamment. Le commandant me fixe dans les yeux : « Vous êtes sûre de vous, Madame le procureur ? »

Je reconnais qu'une petite inquiétude me gagne. Et si je faisais fausse route ? Certes, les éléments contre les trois autres suspects sont très ténus, et la vidéo du nettoyage de la voiture figure déjà au dossier comme élément à charge. Bien plus tard sera récupérée celle sur laquelle on voit Lelandais quitter la fête avec la fillette à bord de sa voiture. Au moment de décider du placement en garde à vue, nous avons aussi les indices troublants des auditions de témoins qui évoquent son comportement désinvolte à l'évocation de cette disparition lors d'un échange sur une terrasse de café. Lelandais semble glisser sur le sujet.

La gestion de la presse me mobilise. Seul le correspondant local du *Dauphiné*, de retour de vacances, m'appelle sur mon portable personnel. Nos liens de proximité me permettent de contrôler la diffusion de certaines infos. Il me prévient qu'il va publier quelque chose, je rédige immédiatement un communiqué, la synergie est évidente. Vis-à-vis de la presse nationale, c'est en revanche le black-out, non pas parce que je ne souhaite pas communiquer, mais ma priorité doit rester l'enquête et le temps imparti aux échanges ne doit pas nuire à celle-ci.

Je rédige des communiqués et décide d'une conférence de presse le mardi après-midi. Je repense à une formation de l'ENM, dirigée par Dominique Verdeilhan[1], qui m'est utile. Je me souviens d'un de ses conseils : « Le temps de la presse n'est pas votre temps, c'est à vous d'imposer votre *tempo* et pas aux journalistes. » Je l'ai suivi à la lettre.

Le procureur général Jacques Dallest, familier des médias, m'apporte son soutien efficace et me conseille notamment de ne pas lire face aux caméras un texte écrit. Il m'adresse son chef de cabinet qui prépare la salle de presse, accueille les journalistes en prenant soin de tenir tout le monde à bonne distance. Ma conférence de presse se déroule dans la salle d'audience plutôt que dans mon bureau. J'ai l'habitude d'y prendre la parole en public, de surcroît, la configuration du lieu permet de mettre aisément fin à l'exercice et de les quitter sans avoir à se frayer un chemin au milieu des journalistes.

Revenons à la garde à vue de Nordahl Lelandais. Les gendarmes transmettent un compte rendu à l'issue de

1. Alors chroniqueur judiciaire de France 2.

chaque audition préparée avec des comportementalistes de l'Institut de recherche criminelle de la gendarmerie nationale (IRCGN). Lelandais affiche une attitude très particulière : il est froid, distant, il n'y a rien à en tirer. Bien qu'il ait été présent au mariage, il assure avoir simplement aperçu Maëlys. Au moment de la prolongation de la garde à vue, j'échange avec les enquêteurs : comment dois-je l'aborder ?

La rencontre avec Lelandais m'agace, je sens que je ne parviendrai pas à l'atteindre. Les comportementalistes m'ont conseillé d'être ferme, d'employer un langage militaire avec des mots simples. Mais rien ne fonctionne, mes propos glissent sur lui comme sur les plumes d'un canard. Il renvoie l'image de quelqu'un de serein qui s'interroge sur sa présence à la gendarmerie. À ce stade de l'enquête, son passé est plutôt ordinaire : quelques broutilles, aucun fait connu d'atteinte aux personnes. J'ai géré au mieux cette situation avec les moyens dont on dispose dans une petite juridiction en échangeant le plus possible avec le procureur général, l'avocat général de permanence et le parquet de Grenoble qui sera nécessairement saisi. Les décisions prises avec le directeur d'enquête ont été nombreuses, parmi lesquelles celle de rapatrier l'Audi du suspect, placée sous scellés, dans un camion fermé pour éviter les déperditions de preuves.

Maëlys est, dans toute ma carrière, l'affaire qui m'a le plus marquée, car elle concerne une enfant, et au vu des circonstances de sa disparition, tout parent peut s'identifier. Sans parler de son impact médiatique. Je me suis persuadée à tort que Lelandais s'était débarrassé de la petite en jetant son corps dans le Guiers. Aujourd'hui encore, il m'arrive de penser à elle en passant la rivière. On a pu polémiquer sur les circonstances, sur le défaut de surveillance des parents. Qui n'a pas perdu de vue son enfant lors d'un mariage ?

Dans ce type d'affaire, le rôle du procureur est essentiel, il doit décider d'orienter au mieux les investigations, valider certaines décisions des enquêteurs, les moyens mis en œuvre. On travaille au quotidien avec le service d'enquête. Il me faut choisir le moment où je me dessaisirai du dossier pour le parquet de Grenoble, prenant le parti de le conserver jusqu'à la garde à vue.

Lors d'une conférence en visio pendant laquelle le directeur d'enquête et moi-même faisons face au parquet général, au procureur et au juge d'instruction, je transmets mes arguments et les PV. À l'issue de cet échange, la décision du parquet de Grenoble est prise : il n'y aura pas de déférement. Il choisit d'ouvrir une information judiciaire tout en levant la garde à vue du suspect qu'il estime ne pas pouvoir déférer, faute de charges suffisantes à ce moment précis de l'enquête. Lelandais est relâché, à mon grand dam. Se dessaisir ainsi d'un gros dossier dans lequel on s'est investi depuis des jours et des jours et constater que l'orientation donnée n'est pas celle pour laquelle on aurait opté provoque une frustration.

L'instruction avance vite, un élément accablant est mis au jour dans le week-end : un retour d'ADN relevé sur le commodo de clignotant de l'Audi du suspect. C'est bien celui de la petite Maëlys. L'étau se resserre.

Dès le lundi, le suspect est arrêté par le juge d'instruction qui le place de nouveau en garde à vue[1].

*

Nous avons beaucoup évoqué ici l'affaire Maëlys, mais ce n'est pas la seule à m'avoir profondément secouée. Un cas de violence conjugale à la naissance d'un de mes enfants, en 2009, me bouleverse. Un enquêteur m'explique avoir reçu une jeune fille affirmant que son compagnon l'a volontairement frappée dans le ventre alors qu'elle était enceinte. Elle accouche prématurément quelques jours plus tard, le nourrisson meurt. « Je crois qu'il n'y a rien de pénal », bredouille-t-il. J'ordonne des investigations pour savoir si l'enfant a ou non vécu après l'accouchement, puis participe à son autopsie alors que je viens moi-même de mettre un bébé au monde. C'est très violent. Nous n'avons pu établir juridiquement le lien de causalité entre le coup, la naissance prématurée et le décès, le petit étant né très

1. Nordahl Lelandais finit par passer aux aveux six mois plus tard après la découverte d'une minuscule tache de sang de Maëlys dans le coffre de son Audi. Il reconnaît l'avoir violemment frappée au visage. Il désigne par la suite l'endroit où il a dissimulé le corps. En février 2022, la cour d'assises de l'Isère le condamne, pour l'enlèvement, la séquestration et le meurtre de Maëlys, ainsi que pour des attouchements sur deux petites-cousines de quatre et six ans, à la réclusion criminelle à perpétuité assortie d'une peine de sûreté de vingt-deux ans au terme de trois semaines d'audience. L'enquête Maëlys conduit à des rapprochements avec la disparition du caporal Arthur Noyer, faits pour lesquels Lelandais est condamné en mai 2021 à vingt ans de réclusion criminelle (Luc Chemla, « Nordahl Lelandais condamné à la réclusion criminelle à perpétuité pour le meurtre de Maëlys », site Radio France, 18 février 2022).

prématuré. Autre écueil, la mère présentait aussi des fragilités psychologiques et somatiques. Médicalement c'était ténu, donc juridiquement, léger.

*

La page des souvenirs refermée, je souhaite livrer un regard plus global sur notre rôle de procureur de la République. J'estime que nous perdons peu à peu – indépendamment de la réforme de la police – la direction de la police judiciaire. Premier constat : nos enquêteurs sont débordés par l'augmentation de la délinquance, souffrent d'un manque d'effectifs. L'investissement sur les affaires du quotidien n'est plus ce qu'il était quand j'ai commencé ma carrière. On déplore un moindre suivi des dossiers que nous qualifierions de « classiques », même si les moyens adéquats sont déployés pour les affaires les plus lourdes dans lesquelles notre mission conserve tout son sens. S'ajoute une complexité croissante de la loi. La procédure pénale est bourrée de chausse-trappes. En nous opposant à cette réforme, nous cherchons à préserver le temps consacré aux gros dossiers.

Au quotidien, tant hier dans mon rôle de procureur de la République, qu'aujourd'hui dans mes fonctions d'avocat général à la cour d'appel de Grenoble, je me sens parfaitement indépendante dans mes décisions, ce qui n'exclut pas une évolution du statut des magistrats debout, surtout pour les dossiers sensibles où l'on mettra toujours en cause les circonstances de leur nomination par le pouvoir exécutif.

Dans une petite juridiction, je suis procureur la nuit, mais simple substitut le jour. Je prends en charge autant de dossiers et d'audiences que mes collègues, sans perdre le terrain de vue. On ne compte plus ses heures, de permanence du 1er janvier au 31 décembre, ce qui envahit *de facto* notre sphère privée. On est vite reconnu de tous. Une simple anecdote : je repère un jour un produit périmé dans un supermarché. L'employé me répond : « Je m'en occupe tout de suite car je sais bien ce que vous faites. » Le quotidien impose d'être exemplaire car à tout moment on peut vous identifier.

L'impact sur la vie familiale n'est pas anodin. L'important est d'échanger avec son compagnon, de lâcher parfois sa décharge émotionnelle. Mon mari comprend mon besoin de dialogue qui exclut cependant d'évoquer certains points propres au secret de l'enquête. Un jour, je suis dans un parc d'attractions. Un journaliste me contacte pour un dossier sensible, un couple de retraités tués sur la route par un gendarme fortement alcoolisé. Il m'apprend que l'avocat des victimes vient de déposer une nouvelle plainte. Je laisse alors tomber mari, enfants et parc d'attractions pour m'entretenir avec mon correspondant.

Autre anecdote. L'affaire Maëlys éclate fin août, je dois dans le même temps assurer la rentrée de mon fils. La scène se déroule dans la cour de l'école. Je lui dis : « Mon garçon, il faut que je parte. » Alors, fièrement, il clame devant ses copains : « Je sais, maman, il faut que tu t'occupes de Maëlys. »

Aujourd'hui, je ne peux que regretter le terrain et ses souvenirs parfois douloureux. J'ai adoré cette direction judiciaire, ce rapport d'échange et l'animation de la politique pénale. Cette fonction est passionnante dans le rapport aux victimes, avec le sentiment de servir à quelque chose. Je ne pourrais pas faire d'autre métier.

Nos missions ont évolué avec des moyens nouveaux, des contractuels, des chargés de missions violences conjugales et justice de proximité. Le magistrat devient recruteur, il forme. Nous n'avons pas été préparés à cela. J'épluche des CV avec la présidente du tribunal, procède à des entretiens en offrant des salaires peu attrayants au regard des qualités demandées. Certains candidats motivés rebroussent rapidement chemin devant les faiblesses de l'institution. L'arbre ne parvient pas à cacher la forêt. Et pourtant, nous n'avons jamais eu autant de moyens qu'aujourd'hui.

On a presque le sentiment d'une obligation de résultat dans notre métier. En cas de récidive, la responsabilité de la justice sera tout autant montrée du doigt que celle de l'auteur des faits. Prenons le cas de violences conjugales de « faible intensité ». Jadis, les enquêteurs se déplaçaient, jouaient un rôle de médiateur, pour apaiser la situation. Tout ne débouchait pas sur des plaintes. C'est aujourd'hui l'inverse : on place systématiquement en garde à vue, les dossiers s'empilent. La peur panique de l'homicide conjugal implique une réponse pénale plus musclée. Le risque est de surestimer la réponse pénale et d'engorger les tribunaux. C'est là toute la difficulté et tout l'intérêt de notre métier : rester objectif, et prendre la décision d'orientation pénale la plus adaptée à la situation, indépendamment de toute pression. Vaste programme !

Marc Cimamonti : « La procédure avait des implications politiques considérables »

Procureur général à Versailles, Marc Cimamonti a occupé les postes les plus sensibles au sein du parquet. L'homme qui ne mâche pas ses mots se souvient, entre autres, d'une affaire impliquant un certain Alain Juppé.

J'ai exercé quelques mois comme avocat avant de passer un concours de la magistrature qui ne fut guère brillant, livrant une feuille blanche à la dernière épreuve de note de synthèse, me sauvant *in extremis* au grand oral. Ironie du sort, je sors major de ma promotion trois ans plus tard.

Nous sommes en 1984. Ma carrière s'oriente très tôt vers le parquet dont la dimension collective me séduit. Je me retrouve substitut à Bayonne dans une période où la 14e section antiterroriste n'est pas encore créée à Paris[1]. L'époque est marquée par le terrorisme basque

1. Remplacée depuis par le Pnat.

avec Iparretarrak[1], des attentats du Gal[2] contre les militants de l'ETA réfugiés en Pays basque français. J'assure le ministère public d'une audience correctionnelle de poursuites contre le numéro 2 d'Iparretarak, Gabriel Mouesca, qui comparaît pour un attentat contre des locaux d'une brigade de gendarmerie.

Le ressort du tribunal de Bayonne se caractérise aussi par sa dimension frontalière avec l'Espagne, ce qui implique contrebande, délits de pêche maritime et des stupéfiants en quantité qui remontent vers l'Europe du Nord – surtout de l'héroïne et du cannabis. C'est un moment important de mon existence puisque j'y rencontre ma future épouse, magistrate comme moi. Très vite, nous voilà à Paris où je suis nommé à la DACG comme « rédacteur » en bureau d'action publique chargé de la procédure pénale, de l'application de la réglementation des fichiers informatiques et de celle concernant les étrangers en situation irrégulière. Mon passage à la chancellerie sera de courte durée puisque Bruno Cotte, qui avait été

1. Iparretarrak (« les Nordistes » en français) est une organisation terroriste qui réclame l'autonomie du Pays basque français. Fondée en 1970, elle revendique son premier attentat trois ans plus tard. Son chef historique, Philippe Bidart, sera condamné à deux reprises pour des meurtres commis contre des policiers et gendarmes entre 1980 et 1987 (Pantixika Delobel, « Il y a 30 ans, deux CRS rochelais étaient assassinés au Pays basque », *Sud-Ouest*, 19 mars 2012).

2. Les groupes antiterroristes de libération (en espagnol Grupos Antiterroristas de Liberación) étaient des commandos paramilitaires et para-policiers espagnols chargés de lutter contre l'ETA principalement sur le sol français. On lui attribue plusieurs dizaines d'assassinats et enlèvements (Xavier Raufer, « La véritable histoire des GAL », *L'Express*, 26 janvier 1995).

mon directeur à la DACG, devenu procureur de la République de Paris en septembre 1990, me propose de rejoindre son parquet comme secrétaire général adjoint, puis secrétaire général. J'y resterai jusqu'en août 1996.

Ce poste sera très formateur sur le plan de l'administration d'une grande juridiction, mais aussi dans les projets auxquels j'ai pu contribuer : au-delà de l'importante loi du 4 janvier 1993 en matière de procédure pénale, ou de la mise en œuvre du nouveau Code pénal, je pense ici au changement de système informatique. Le précédent datant du début des années 1980 n'était plus maintenu et le nouveau demeurait très imparfait : son adaptation pour lui permettre d'être opérationnel *a minima* a exigé un travail important. En même temps, je suis associé à l'ensemble de l'action publique du parquet de Paris, dans la mesure où je gère les relations avec la presse, notamment pour les affaires sensibles comme le dossier Schuller-Maréchal[1], l'affaire du bail d'Alain Juppé pour un logement de la Ville de Paris, et celle de l'Airbus de Marignane[2], sans oublier les

1. Le juge Éric Halphen est saisi en 1994 d'un dossier de fausses factures à Créteil (Val-de-Marne). L'un des mis en cause, Didier Schuller, est soupçonné d'avoir intercédé auprès du docteur Maréchal, beau-père du juge, pour faire pression sur le magistrat (« Le film de l'affaire Schuller-Maréchal », *Le Parisien*, 3 juin 2002).

2. Le 24 décembre 1994, un commando islamiste prend en otage 241 passagers du vol AF 8969 Alger-Paris. Le GIGN donne l'assaut au terme de cinquante-quatre heures d'angoisse sur l'aéroport de Marignane. Un gendarme est grièvement blessé et les membres du commando, abattus (Christophe Cornevin, « 54 heures d'angoisse, 16 minutes de guerre », *Le Figaro*, 22 décembre 2014).

attentats de 1995 avec la mort de Khaled Kelkal[1]. Cette période s'est révélée très formatrice dans une organisation de taille atypique. Je crois que Zinedine Zidane a pu dire qu'il a appris à jouer au ballon en jonglant avec une petite balle. Moi (qui suis loin d'être le Zidane du ministère public !), j'ai appris le jeu du procureur en jonglant quelque peu avec un gros parquet !

*

J'aimerais revenir plus particulièrement sur l'affaire du bail d'Alain Juppé, non que l'affaire ait été démesurée, mais ce dossier de prise illégale d'intérêts pouvait avoir des implications particulières avec l'application de la jurisprudence Bérégovoy-Balladur selon laquelle « si un ministre est mis examen, il démissionne ». Le mis en cause étant le Premier ministre, la décision d'orientation de la procédure avait des implications politiques considérables. Arnaud Montebourg, agissant à l'époque en qualité d'avocat[2], relève qu'adjoint aux finances de la Ville de Paris, Alain Juppé s'est octroyé un logement

1. Abattu par les gendarmes en septembre 1995, Kelkal est soupçonné d'avoir participé aux attentats perpétrés par le Groupe islamique armé (GIA) à Paris durant l'été.

2. L'avocat agissant pour l'Association de défense des contribuables parisiens dénonce l'attribution d'un logement de 189 m^2 appartenant au domaine privé de la Ville de Paris situé rue Jacob, dans un quartier très prisé, le 6e arrondissement. L'association s'étonne également que des travaux ont été effectués pour un montant de plus d'un million de francs aux frais du contribuable (Armelle Thoraval, « Le bail de Juppé soumis au procureur. Pour plus d'un million, la Ville de Paris a remis son appartement en état », *Libération*, 29 septembre 1995).

en signant lui-même les baux, ce qui est susceptible de caractériser le délit de prise illégale d'intérêts.

Cette affaire a été pour moi une source d'enseignements dans la conduite de l'action publique individuelle par un procureur de la République, en l'occurrence Bruno Cotte. Je note tout d'abord la préoccupation première de l'impartialité et de l'indépendance, avec une attention spéciale au contexte : une affaire hors norme se traite comme un dossier normal, mais mieux et plus vite, en ciblant le contenu de la procédure. Dans la préparation de la prise de décision, le procureur est un chef à la tête d'un collectif qui demande à ses collaborateurs une totale liberté intellectuelle et de parole : il suscite l'expression, écoute et décide. À ma connaissance, cette procédure n'a pas donné lieu à des pressions particulières, en tout cas Bruno Cotte, dont j'étais proche, ne s'est pas livré à des confidences.

Je revois la scène. Nous sommes un vendredi, Bruno Cotte réunit ses collaborateurs, semble pencher pour l'ouverture d'une information judiciaire. Nous en discutons, Philippe Chemithe, procureur adjoint, François Cordier, chef de la 4e section, et moi : nous n'y sommes pas favorables, cette solution nous semblant disproportionnée. Bruno Cotte se donne un week-end de réflexion et d'étude de la procédure. Le lundi, il nous réunit pour un ultime briefing. À l'issue de ces échanges, il décide de classer la procédure en actant que l'infraction est bien caractérisée, mais sous condition de régularisation en mettant fin au bail avec avertissements adressés au mis en cause et à la mairie de Paris. L'injonction est donnée par l'autorité judiciaire à l'une des plus hautes autorités politiques du pays, ce qui fut, me semble-t-il, la bonne décision dans le contexte de l'époque. Peut-être serait-elle différente aujourd'hui…

*

Après presque une année passée aux côtés de Gabriel Bestard, successeur de Bruno Cotte, je rejoins en juillet 1996 le parquet de Versailles comme procureur adjoint responsable de la section économique et financière. J'ignore tout de cette matière pour laquelle je n'ai aucune prédisposition, spécialement quant aux contentieux des procédures collectives[1]. C'est l'époque des affaires pénales touchant aux dérives de la décentralisation assorties de malversations et de faits de corruption. Je prends notamment en charge pour le parquet le dossier d'instruction dit du « conseil général des Yvelines » qui comptera jusqu'à 77 mis en examen. Après un suivi quotidien de la procédure depuis ma prise de fonction, je passe l'été 1998 à régler par anticipation le dossier pour aboutir à un projet de réquisitoire de… 493 pages[2].

Je ne connaîtrai pas l'audience de jugement. Refusant dans la foulée des fonctions de conseiller au cabinet de la ministre de la Justice et des propositions d'emploi de sous-directeur, je décide avec mon épouse et nos

1. Le parquet intervient au tribunal de commerce en matière de procédures collectives concernant les entreprises pour veiller au respect de l'ordre public économique. À cette occasion, des faits de nature pénale peuvent être relevés.

2. Alain Auffray, « Yvelines : corruption au conseil général de 1986 à 1995, la corruption paraît systématique », *Libération*, 30 octobre 1995.

deux enfants de rejoindre Marseille, ma ville natale, où Francis Fréchède, le procureur de la République, me confie la responsabilité de la section de la criminalité organisée. Dès mon arrivée, je passe trois jours d'une formation à la fois technique et d'initiation au contexte marseillais au Service régional de police judiciaire (SRPJ) alors dirigé par Gérard Guilpain. Les chefs de service avec lesquels je vais travailler dans les quinze ans qui suivent me livrent un décodage sur la « crim org » de la ville, les trafics de stups, les affaires de corruption de policiers que je porterai plus tard à l'audience. C'est l'occasion de belles relations au barreau : je n'ai jamais considéré les avocats comme des ennemis, mais comme des adversaires, avant tout gênés par l'impartialité et l'indépendance du ministère public quand il sait, comme il se doit, en faire preuve.

J'ai en tête un exemple de la qualité de ces relations et de ce qu'elles m'ont appris : dans une affaire correctionnelle de trafic de stupéfiants, je commets une erreur en requérant contre un prévenu selon le casier judiciaire de son frère également poursuivi. Après mes réquisitions, suivies d'une suspension avant la reprise des débats plus tard en début d'après-midi, l'avocat s'approche et m'explique ma méprise, me prévenant loyalement qu'elle sera au cœur de sa plaidoirie. Au début des débats de l'après-midi, je reconnais mon erreur et divise par trois les réquisitions. Ce jour-là, l'avocat m'a donné une belle leçon de loyauté et de défense des intérêts de son client.

Professionnellement, je souhaitais rejoindre le parquet de Marseille en vue de me voir confier la responsabilité du pôle économique et financier régional pour la cour d'Aix-en-Provence. C'est chose faite à l'automne 1999. Au-delà de la réorganisation de la section financière et de l'apurement de ses stocks, je vais traiter de dossiers importants, à l'image des malversations commises par l'ancien maire UDF de La Ciotat, Jean-Pierre Lafond, contre lequel je requiers en 2005 trois ans de prison ferme et une amende de 350 000 euros. De manière un peu accessoire dans le dossier, un député proche de Jean-Claude Gaudin est mis en examen pour des suspicions d'emploi fictif. Mais, après discussion avec le procureur Jacques Beaume, nous décidons d'un non-lieu jugeant les charges insuffisantes. Cette affaire m'a marqué : dans un dossier financier qui est un peu comme un arbre, il faut se concentrer sur le tronc, les malversations principales. On ne poursuit pas à l'audience pour voir… Face à une personnalité emblématique, il convient toujours de se livrer à une analyse indépendante et impartiale des charges et de ne poursuivre qu'à coup sûr.

À l'époque, à Marseille, nous commençons à développer le traitement de procédures économiques et financières, sans recours à l'instruction, en enquête préliminaire. Une affaire concerne le président d'une banque régionale mis en cause pour des abus de biens sociaux de cet établissement liés à l'octroi abusif de prêts. Le dossier contre ce responsable bancaire, par ailleurs lié à la mouvance gaulliste, me semble solide et cohérent. Il fait l'objet d'un jugement de condamnation par le tribunal correctionnel. Cependant, il est relaxé en appel, et plus de vingt ans après je n'ai toujours pas compris cette décision de la chambre financière de la cour d'appel d'Aix-en-Provence…

*

Je ne peux manquer d'évoquer la « deuxième » affaire des comptes de l'OM mettant en cause notamment Rolland Courbis et Robert Louis-Dreyfus pour des transferts de joueurs donnant lieu à des malversations. Les relations avec le juge d'instruction ont été tendues tout au long de la procédure car j'estimais les investigations sur chaque transfert incomplètes : treize d'entre eux sont finalement ciblés. Dans chaque opération, deux clubs entrent en scène, un ou plusieurs agents, mais aussi les joueurs. Il convient de circonscrire les relations contractuelles entre tous ces protagonistes, le circuit des fonds et la réalité des relations, ce qui implique des investigations auprès de chaque acteur, y compris les joueurs insuffisamment « scrutés » par l'instruction. Je règle pourtant le dossier qui contient des failles et des zones d'ombre en me bornant à décrire le contenu des actes effectués, tout en me livrant à une analyse des scellés. Les trois semaines d'audience sont menées avec brio par le président Vincent Turbeaux. J'y prends une part active pour compléter cette instruction imparfaite par des échanges contradictoires de grande qualité.

Le président de l'OM, Robert Louis-Dreyfus, accepte des transferts de joueurs notamment internationaux en sachant qu'ils donnent lieu à des malversations dont on peut penser qu'elles ont avant tout pour objet de permettre de versements de fonds aux joueurs à l'étranger, de préférence à des règlements en France, exposés à de lourdes charges sociales. « RLD » avalise un système dont il sait pertinemment qu'il donne lieu à des rétrocommissions, des avantages indus au bénéfice du directeur sportif, d'agents ou de joueurs. En tant que président du club, il a ainsi exposé cette société à un risque social et judiciaire très important, ce qui qualifie juridiquement l'abus de bien social. RLD est condamné pour cela ; le dossier est tout aussi important à l'égard de Rolland Courbis. L'entraîneur de l'OM apparaît au cœur de la réalisation des transferts comme personnellement bénéficiaire de fonds frauduleux[1].

*

En 2004 sont créées les Jirs, dont je suis la cheville ouvrière pour le parquet de Marseille, sous l'autorité de Jacques Beaume, procureur de la République, et Brice Robin, son adjoint direct. Nous définissons une organisation spécifique, une politique d'action publique de saisines en nombre maîtrisé, avec, pour objectif, un développement sur deux axes : l'entraide internationale,

1. La cour d'appel d'Aix-en-Provence confirme en juin 2007 la condamnation de Robert Louis-Dreyfus à trois ans de prison avec sursis et 375 000 euros d'amende par le tribunal correctionnel de Marseille. Rolland Courbis est condamné à deux ans de prison ferme avec révocation partielle d'un sursis de dix-huit mois, peine assortie d'une interdiction d'exercer toute activité dans le monde du football durant cinq ans (« Peine confirmée en appel pour le président de l'OM », site Challenges. fr,. 20 juin 2007).

notamment les relations avec l'Italie et le Parquet national antimafia, et la saisie des avoirs criminels en relation avec Charles Duchaine, juge d'instruction Jirs[1]. La Jirs de Marseille est un élément moteur dans la communauté de ces huit juridictions spécialisées et ces responsabilités me rendent personnellement plus visible de la chancellerie.

Cette période des années 2000, également marquée par la mise en place de la juridiction spécialisée pour le traitement des rejets polluants en Méditerranée, à laquelle je prends une part très active, me semble avoir été l'une des grandes époques du parquet de Marseille.

Quand Jacques Dallest débarque dans la cité phocéenne comme procureur de la République en 2008, il recherche un adjoint pour superviser à ses côtés l'ensemble de l'action publique du parquet. J'abandonne pour ces fonctions la responsabilité directe de la division « criminalité organisée et délinquance financière ». Cela m'amène à m'intéresser à la délinquance générale et aux questions de sécurité du quotidien. La ville vit alors la fin d'un cycle, celui des voyous à la marseillaise supplantés par la problématique des machines à sous dans la zone de l'étang de Berre, puis, évidemment celle du trafic de stupéfiants dans les cités, notamment des quartiers nord, qui monte en puissance à la fin des années 2000.

*

1. Charles Duchaine est l'instigateur et le premier directeur de l'Agrasc créée par la loi du 9 juillet 2010.

J'estime légitime, après de multiples expériences en tant que magistrat du parquet de base et chef de service, d'occuper une fonction de procureur de la République. Commence pour moi un tour des décideurs pour candidater : la direction des affaires criminelles, celle des services judiciaires, le secrétariat général à la chancellerie, les couloirs de l'Élysée… À l'époque, l'homme qui fait et défait les carrières s'appelle Gilbert Azibert[1]. Le secrétaire général du ministère a suivi mon parcours avec intérêt depuis ma jeunesse marseillaise. Je me retrouve à Toulon, chef du parquet de cette ville.

À Toulon, quinze magistrats sont autour de moi, et j'ai la chance de disposer d'un encadrement de procureurs adjoints d'exception : Daniel Mira, Nicolas Bessone, Pierre Couttenier et sans doute le plus brillant d'entre tous, Pierre Cortès. Je m'attache à moderniser l'organisation et le fonctionnement du parquet, notamment par le développement de la dématérialisation, avec une attention au service de l'urbanisme qui était en déshérence. La période Maurice Arreckx[2] est passée, l'arrivée d'Hubert Falco aux commandes de la ville est celle du renouveau de Toulon et nos relations sont excellentes.

1. Ce haut magistrat est par la suite lourdement condamné aux côtés de Nicolas Sarkozy et de l'avocat Thierry Herzog dans l'affaire dite des « écoutes Bismuth » à trois ans de prison dont un ferme (Stéphane Durand-Souffland, « Affaire des écoutes : condamné en appel, Nicolas Sarkozy se pourvoit en cassation », *Le Figaro*, 17 mai 2023).

2. L'ancien sénateur, président du conseil général du Var et maire de Toulon, proche du caïd Jean-Louis Fargette, est condamné à plusieurs reprises entre 1997 et 2000 pour d'importantes malversations financières et des faits de corruption.

Je suis présent auprès des élus dans le cadre de la politique de prévention de la délinquance. Les réformes et projets de réforme concernant la justice se succèdent au cœur du quinquennat de Nicolas Sarkozy, fréquemment présent sur le ressort au cap Nègre. Je découvre les relations qui peuvent être complexes avec le préfet du département dans le cadre des échanges et contacts que j'ai avec Hugues Parant, homme à forte personnalité. J'ai le souci de faire respecter l'autorité judiciaire que je me dois d'incarner, ce qui peut me rendre exagérément suspicieux.

À l'automne 2009 vient le temps de la mise en place des premiers états-majors de sécurité coprésidés par le préfet et le procureur de la République. Les exigences de sécurité publique et d'ordre public présentent le risque de tenir insuffisamment compte des contraintes liées à la spécificité du traitement judiciaire sur fond de menace d'une vassalisation du ministère public tant les moyens, notamment de l'autorité préfectorale, sont sans rapport avec ceux des parquets. À la deuxième réunion, que je n'ai peut-être pas suffisamment préparée, j'ai à tort ou à raison le sentiment que le représentant de l'État cherche à prendre l'ascendant sur moi devant les responsables de la police et de la gendarmerie nationales. J'enrage contre moi-même à mon retour au tribunal, débriefe avec les procureurs adjoints et décide d'appeler immédiatement le préfet pour lui faire part de mon sentiment afin de dissiper toute ambiguïté. Aussitôt celui-ci se rend au palais, nous échangeons franchement et toute arrière-pensée est levée. Désormais, les relations seront franches, cordiales, empreintes d'égards mutuels dans le respect des offices de chacun pour l'efficacité de l'action de l'État, tout en préservant l'indépendance de l'autorité judiciaire et les spécificités de son action.

*

Après Toulon, me voilà, début 2012, nommé procureur à Lyon, considéré comme l'un des plus beaux parquets qui soient. Sept années particulièrement riches s'ensuivent, où je siège au CNPR avant d'en devenir vice-président, puis président. Le parquet de Lyon, comme de très nombreux autres, connaît à l'époque des situations tendues liées à d'importantes vacances de postes : les effectifs de magistrats tombent à vingt-neuf au lieu de trente-sept.

Lyon est une ville qui manifeste beaucoup, avec des mouvances d'extrême droite et d'extrême gauche. Tout au long de mon séjour, des rassemblements donneront lieu à des violences et dégradations conduisant à des interpellations en nombre. Je recherche constamment la meilleure articulation entre la nécessité de préserver l'ordre public et celle de répondre aux actes de délinquance, de garantir des procédures de qualité suffisante sur le plan des charges pour fonder les poursuites, notamment en comparution immédiate, donnant lieu à condamnation. C'est pourquoi je m'attache à être prévisible, établissant des schémas formels d'orientation des procédures, communiqués avant chaque manifestation aux responsables des services enquêteurs. Ces instructions posent les exigences du parquet pour parvenir à des décisions de déférement après interpellations. J'exclus le recours à des maintiens ou prolongations de garde à vue à des fins non judiciaires étrangères à la conduite des enquêtes, notamment pour éviter le retour sur la voie publique de manifestants ou faciliter le processus de placement en rétention administrative d'un étranger en situation irrégulière. Ce sujet, évoqué lors des manifestations de Gilets jaunes à Paris, a par la suite été au cœur de polémiques lors des manifestations contre la réforme des retraites.

L'affaire dite des « policiers de Vénissieux » mérite une mention particulière en écho au dossier de la Bac nord de Marseille. Dans ce contexte, elle fait l'objet d'une médiatisation importante au moment des interpellations et placements en garde à vue des protagonistes. Le directeur départemental de la sécurité publique se préoccupe, à juste titre, du retentissement de cette affaire sur l'image de la police lyonnaise. Pour ma part, je vais m'attacher à délivrer une communication nuancée : je suis en effet convaincu que le dossier présenté par certains comme une affaire importante de corruption de fonctionnaires de police risque de déboucher sur la conjonction de dérives de petite envergure, d'infractions liées à de mauvaises pratiques, comme des détournements de barrettes de cannabis soustraites à la destruction en vue de remises à des informateurs, avec en toile de fond une hiérarchie du commissariat complètement absente. La suite de la procédure me donnera raison.

Cette affaire illustre la manière dont je communique avec les médias : disponibilité téléphonique à l'égard des journalistes, recherche de liens de confiance, communication avant tout en « off » pour permettre un

« parler vrai » et des éclairages pertinents des affaires, sans exclure la réalisation de points presse, mais en nombre limité.

À la fin de mon mandat de sept ans, les temps médiatiques changeant, je mets en place un dispositif plus structuré avec le concours de ma secrétaire générale, Audrey Quey. Mes derniers mois à Lyon sont marqués par les suites à réserver à la plainte en juin 2018 d'un élu de la droite locale visant la campagne de 2017 d'Emmanuel Macron comme candidat à la présidence de la République. Pour l'essentiel est dénoncé un emploi pouvant être partiellement fictif à la mairie et à la métropole de Lyon d'un membre de l'équipe de campagne du candidat. Or je suis pressenti par la ministre de la Justice, Nicole Belloubet – qui m'a connu jusqu'alors comme président de la conférence des procureurs –, pour succéder à François Molins au poste de procureur de la République à Paris. Je rencontre d'ailleurs Édouard Philippe dans cette perspective.

L'analyse immédiate de la dénonciation m'amène à penser qu'il sera délicat de caractériser des infractions susceptibles d'être poursuivies (d'ailleurs, plus tard, mon successeur comme procureur de la République à Lyon classera l'affaire sans suite). Pour autant, à chaud, j'entends que l'enquête soit conduite avec diligence, et surtout impartialité et indépendance. Mes collaborateurs ne doivent pas pouvoir suspecter que ma situation et mon devenir personnel pourraient interférer dans la gestion du dossier. Début juillet 2018, l'enquête connaît des tensions avec les chefs de la Direction centrale de la police judiciaire lorsqu'il est question de saisir le contenu des messageries électroniques à la métropole ou à la ville de Lyon de Gérard Collomb, alors ministre de l'Intérieur. Me voilà amené à taper du poing sur la table en soutien du directeur de la PJ locale pour que ces diligences soient accomplies.

Fin juillet, le rendez-vous prévu à l'Élysée pour ma nomination est différé, semble-t-il à cause de l'affaire Benalla. Je comprends début septembre que je ne suis plus pressenti comme procureur de la République à Paris. Pourquoi ? Est-ce que la gestion de cette enquête a joué ? Le cours de l'été a-t-il permis à d'autres de minorer ma candidature en me présentant comme un peu « incontrôlable », afin qu'un autre candidat lui soit préféré ? Je ne peux avoir de certitudes. En tout cas, conscient que ce qui s'est passé était dans la logique du statut actuel du ministère public, largement dans la main du pouvoir exécutif, je n'en ai aucune amertume. Après avoir été écarté du projet de nomination comme procureur à Paris alors que j'étais soutenu par Nicole Belloubet – et très certainement aussi parce que le CSM m'avait recommandé à ce poste –, j'ai été nommé procureur général à Versailles.

*

Parfois, je me demande si l'institution judiciaire, du fait de ses principaux caractères, n'est pas quelque peu obsolète au regard de notre société. Celle-ci, trop souvent, privilégie l'immédiateté et la simplification, là où la justice est le fruit d'une organisation de la complexité (notamment pour respecter le principe du contradictoire) en sachant prendre le temps.

Le droit pénal aussi a profondément muté : sur fond d'une attention toujours plus développée à la situation des victimes, il évolue d'une approche répressive – sanctionner *a posteriori* un fait passé – vers un régime préventif. La sanction pénale a de plus en plus pour première fonction de prévenir la commission d'une nouvelle infraction.

La justice est un service public, certes, mais, expression chère à Élisabeth Guigou, il est bien différent des autres en raison de sa dimension constitutionnelle. On peine aujourd'hui à distinguer la promotion d'une politique publique proprement judiciaire.

Est de plus en plus demandée aux chefs de cour d'appel, de tribunaux, aux procureurs de la République, une aptitude à l'insertion dans les politiques publiques – par exemple la prévention des violences intrafamiliales –, et d'ailleurs cela devrait devenir bientôt formellement un critère de leur évaluation et de leur nomination. Je crois parfois discerner dans leur pratique, avec le temps souvent très contraint qui est le leur, une moindre disponibilité personnelle pour l'action judiciaire, sa supervision directe et *a contrario* une attention prioritaire à cette insertion dans de multiples structures et actions de nature administrative en lien avec l'autorité préfectorale, les collectivités locales et divers organismes publics.

Prenons l'exemple de cette politique publique – ô combien justement prioritaire – de la lutte contre les violences conjugales, politique faite d'exigences d'éducation, de prévention, d'action correctives multiples et de répression. Au-delà d'approches administratives simples, car se situant sur un plan général se développant dans des conseils locaux de sécurité et de prévention de la délinquance ou des comités locaux d'aide aux victimes, l'approche judiciaire individuelle, nécessairement centrée sur un dossier déterminé, est toujours faite d'une certaine complexité liée aux exigences du procès équitable. Un plaignant n'est pas nécessairement réellement une victime, et peut vouloir instrumentaliser l'autorité judiciaire. Une audience visant à la présentation contradictoire et organisée des éléments à charge et à décharge, de faits et de personnalité, est toujours un lieu de complexité. L'autorité judiciaire ne peut prendre part à de telles politiques publiques sans oublier ces fondamentaux qui doivent l'emporter pour être au cœur de son positionnement institutionnel.

Je constate aussi que les risques auxquels sont exposés les procureurs de la République – en tout cas ceux que je pratique depuis des années, qui ont en charge les juridictions les plus importantes – est de devenir quelque peu étrangers aux magistrats de leur parquet placés dans l'opérationnalité judiciaire.

C'est pourquoi, dans l'exercice de mes fonctions de procureur général, je donne aux procureurs de la République qui relèvent de mon autorité la directive de s'attacher avant tout à garantir la qualité du traitement judiciaire (impartialité et exhaustivité du recueil des éléments probatoires, attention aux délais...) en s'investissant personnellement pour le superviser au quotidien. L'insertion de leurs parquets dans les politiques publiques, que je leur prescris aussi, est importante mais secondaire par rapport à cette exigence de qualité du traitement judiciaire, et ils peuvent d'ailleurs en déléguer les aspects les plus courants à des collaborateurs, notamment procureurs adjoints, assistants spécialisés, juristes assistants.

Sans doute suis-je aussi déformé par la manière dont moi-même, il n'y a pas si longtemps, j'ai pu exercer ces belles fonctions de procureur de la République. Mon souci de l'impartialité et de l'indépendance de l'autorité judiciaire, plus spécialement du ministère public, pour l'exercice de l'action publique individuelle, explique mon goût du « parler vrai », y compris dans une dimension publique.

Ces derniers mois, j'ai souhaité faire preuve de cette franchise quant à la réforme désormais lancée de la police nationale, que j'estime, à l'instar d'autres, tout à fait mauvaise dans la mesure où elle a pour objectif de placer l'ensemble des services de la police, y compris la police judiciaire au sens commun, sous l'autorité d'un directeur départemental afin d'en permettre la maîtrise par l'autorité préfectorale. Elle fragilise la structuration actuelle supra-départementale, régionale et interrégionale de traitement de la délinquance grave et de la criminalité organisée. Cette réforme, qui se fait sans recrutement d'enquêteurs supplémentaires, a peu de chances de régler le réel problème des services de sécurité publique (en langage commun, les commissariats) qui, dans les grands centres urbains, sont submergés par des dizaines de milliers de procédures non traitées (plus de 300 000 pour le ressort de la cour d'appel de Versailles).

Aujourd'hui pour l'essentiel, et avant tout grâce à la PJ au sens classique (services déconcentrés de la Direction centrale de la police judiciaire), en lien notamment avec les Jirs et la Junalco, mais aussi avec les services spécialisés du parquet et du siège des grands tribunaux, nous faisons face à la criminalité organisée. Mais il suffit de se référer à l'actualité pour se rendre compte que cette relative maîtrise d'un phénomène qui excède souvent le niveau départemental s'avère fragile. Réunir sous une même autorité départementale de tels services spécialisés et ceux des commissariats présente le risque à moyen terme de drainer les moyens vers les seconds au détriment des premiers. Le niveau départemental voire interdépartemental ne peut être le bon échelon de traitement de la criminalité grave et organisée, *a fortiori* avec une carte départementale programmée qui interroge le bon sens : un service interdépartemental réunissant Marseille, les Bouches-du-Rhône, les Alpes-de-Haute-Provence et les Hautes-Alpes n'a pas de sens alors que les connexions délinquantes principales vont largement de Marseille vers le Var (c'est l'ancien procureur de Toulon qui parle...). Il en est de même dans l'idée de réunir dans un même service interdépartemental Lyon et le Rhône avec l'Ain, alors que les connexions criminelles de la région lyonnaise se tissent avec le bassin stéphanois et plus encore la région grenobloise, voire au-delà, la Suisse.

*

À Versailles, j'ai découvert les fonctions de procureur général. C'est un niveau de responsabilité du ministère public compliqué à faire vivre. Le procureur général exerce un magistère « mou ». De fait, son action dépend de l'administration centrale qui détient la quasi-totalité des moyens. Il est par conséquent aussi dépendant de la mise en œuvre effective des politiques d'action publique, notamment pénale, des parquets du tribunal judiciaire.

La crise systémique de l'institution judiciaire (tel est le constat dressé par le rapport d'avril 2022 du comité des états généraux de la justice) est toujours d'actualité dans l'attente de l'allocation des moyens certes importants annoncés début 2023 par le pouvoir exécutif. Dans ce contexte où il est difficile de faire face à l'ensemble des contentieux civils et pénaux, une priorité, dont il n'est pas question de discuter la pertinence, comme celle donnée au traitement des violences intrafamiliales, déstabilise l'institution judiciaire et les services enquêteurs, particulièrement ceux de sécurité publique dans les grands centres urbains. Cette priorité se fait au détriment des autres contentieux. Je donnerai un exemple : le parquet de Versailles, sur un effectif de trente et un magistrats, a porté à huit celui de sa section « mineurs-familles ».

Entre 2017 et 2022, le nombre des mis en cause pour des faits de violences conjugales a augmenté de 70 %. Le traitement de ce contentieux qui tend à devenir de masse est marqué par la crainte des magistrats, mais aussi enquêteurs ou travailleurs sociaux, de voir à terme leur responsabilité personnelle mise en cause dans l'hypothèse d'une réitération des faits, ou d'un passage à l'acte plus grave qu'on estimerait causé partiellement par cet acte ou cette décision. Pour un magistrat du parquet, il demeure délicat de classer sans suite une enquête relative à des faits de violences conjugales qu'il estime pourtant insuffisamment caractérisée. Le danger est alors de prendre une décision de déférement en vue de poursuites, objectivement insuffisamment justifiée, mais qui préserve la responsabilité personnelle du magistrat décisionnaire…

La dimension de plus en plus préventive de la répression pénale maximise, me semble-t-il, ce risque de mise en cause de la responsabilité personnelle du magistrat. Elle interfère dans la prise de décision judiciaire qui doit pourtant avant tout être objective, impartiale et indépendante.

Tel est l'enjeu pour les procureurs de la République qui sont tenus, selon moi, de sécuriser les décisions individuelles difficiles à prendre en organisant un processus plus collégial. Il leur faut être les premiers à assumer le poids de l'action publique judiciaire. La remarque me rappelle l'affaire de la gare Saint-Charles, un dimanche d'octobre 2017, où deux jeunes femmes sont poignardées à mort dans le cadre d'un attentat terroriste par un ressortissant tunisien en situation irrégulière mis en cause auparavant pour des faits de vol à l'étalage à Lyon. La garde à vue a été levée la veille sans qu'il fasse l'objet d'un placement en rétention administrative en vue de son éloignement du territoire national par la préfecture du Rhône. En week-end à Marseille, je suis contacté par le directeur départemental de la sécurité publique du Rhône dès la commission de l'attentat.

Je fais aussitôt le point avec la magistrate de permanence du parquet de Lyon qui a connu la procédure de vol et pris la décision de lever la garde à vue. Il s'agit d'abord de la rassurer en lui indiquant qu'il m'appartient, comme chef de parquet, de répondre de ce qui a été accompli en mon nom. Je me renseigne ensuite sur le processus de décision qui a été le sien. Elle est en larmes lors de notre premier échange, affirmant que si elle avait pris une autre décision que celle de lever la garde à vue, l'attentat n'aurait pas été commis. Mon premier devoir est de la calmer. Nos échanges me permettent de conclure que les décisions prises étaient adaptées, que le traitement de la situation irrégulière au regard du séjour en France de l'auteur de l'attentat ne pouvait concerner que l'autorité administrative, à l'exclusion de l'autorité judiciaire. Ce traitement fera d'ailleurs l'objet d'une enquête de l'IGA dans laquelle je refuserai que cette magistrate de permanence soit entendue, moi seul ayant vocation à répondre aux demandes de renseignement des membres de cette mission.

Pour moi, le « job » du procureur (ou du procureur général) est avant tout d'organiser ses services afin de garantir dans toute la mesure du possible un traitement correct des différents contentieux, sans en délaisser certains, ce qui inclut une dimension de délais aussi maîtrisés et rapides que possible. Le chef de parquet est nécessairement le premier responsable en cas d'imputabilité d'un dysfonctionnement à ses services. Lorsque se produisent de tels errements, il faut y faire face, tenter d'en limiter les effets, solliciter des éléments formels d'information pour en circonscrire exactement les causes en vue de prendre des mesures afin d'éviter le renouvellement de l'incident.

On vante souvent le caractère collectif du parquet : cela peut relever d'une certaine incantation… Il convient de s'attacher au contraire à l'incarner dans la pratique judiciaire quotidienne. Les bonnes décisions sont toujours collégiales, et le rapport du comité des états généraux de la justice a d'ailleurs pointé le recul de la collégialité comme élément causal dans la crise que connaît l'institution judiciaire. Cette exigence concerne tout autant le ministère public que la magistrature du siège.

Cette dimension collégiale dans la préparation des décisions délicates, il appartient au procureur de la République ou au procureur général de l'organiser, ce qui est plus aisé en semaine. Malheureusement, les situations les plus complexes ont souvent cours le week-end ou la nuit, où ce cadre collectif est nécessairement réduit. J'ai ainsi souvenir d'une procédure de double infanticide à Lyon dans une caserne de gendarmerie, mettant en cause la mère, épouse d'un militaire. La décision de lever ou non la garde à vue prise à l'encontre de cette personne, délicate au vu des dénégations de l'intéressée et de l'absence d'éléments médicolégaux clairs, a été prise au cœur de la nuit, au vu des derniers procès-verbaux d'audition au cours d'échanges entre la magistrate de permanence et moi-même, sans que le cadre habituel plus collégial puisse être observé. Contrairement à ce qui avait été envisagé auparavant avec le parquet général de Lyon très présent dans cette affaire, j'ai décidé de faire déférer la mise en cause en vue d'une ouverture d'information. Elle a été mise en examen et placée en détention provisoire. Il me semble me souvenir que les résultats des examens anatomo-pathologiques ont par la suite étayé sa responsabilité pénale.

*

Le statut actuel du ministère public, en ce qu'il est placé dans la main du pouvoir exécutif, peut s'avérer dangereux pour l'indépendance de l'autorité judiciaire et plus largement pour l'État de droit. Certes, la jurisprudence du Conseil constitutionnel, qui reconnaît le ministère public comme une autorité judiciaire, nous conforte dans cette qualité. Le respect coutumier de l'avis du CSM sur les nominations de parquetiers n'est cependant qu'une pratique. En droit, cet avis ne lie pas le pouvoir exécutif qui pourra toujours revenir à une stricte approche juridique. De même, la prohibition des instructions du garde des Sceaux dans les affaires individuelles ne résulte que d'une loi simple qu'une majorité nouvelle à l'Assemblée nationale pourrait réviser. L'absence de dépendance du ministère public à l'égard de l'autorité préfectorale ne tient qu'à un décret d'avril 2004 sur lequel il serait facile de revenir.

Pour un ministère public dans la main d'un pouvoir exécutif républicain, un tel risque n'est pas d'actualité. Or, on voit bien que l'émergence d'un pouvoir « illibéral » de droite ou de gauche dans le cadre d'élections à venir n'est pas une hypothèse d'école : qui pourrait garantir alors que la grande majorité des procureurs de la République et procureurs généraux, par leur statut inadapté, ne s'alignerait pas sur les exigences d'un tel pouvoir… ?

Moi-même, j'ai toujours veillé à respecter exactement le statut qui m'est applicable. Lorsque j'ai à m'exprimer sur un sujet délicat et que j'estime indispensable de parler vrai, je m'efforce de le faire en audience solennelle où je m'appuie sur le principe de liberté de parole du ministère public. Si ces propos sont repris dans la presse, ou que je m'exprime sur le même sujet dans les médias à l'occasion d'interviews, j'estime que je suis protégé par ce principe.

Lorsque de tels propos d'audience sont repris par des organes de presse, et quand je suis amené à croiser le garde des Sceaux Éric Dupond-Moretti, celui-ci (d'ailleurs non sans chaleur, sur le registre « Vous êtes une grande gueule… ») ne manque pas de m'en faire la remarque en observant qu'il ne partage pas nécessairement mes prises de position. Je dois reconnaître que ce ministre a fait beaucoup sur le plan des moyens, notamment de recrutement de contractuels au titre de la justice de proximité. Avec la tenue des états généraux de la justice, le pouvoir exécutif a pris conscience de la crise historique et systémique de l'institution. Un plan important a été ainsi dessiné avec le recrutement de 10 000 personnels supplémentaires dont 1 500 magistrats et 1 500 greffiers. Ces moyens seront-ils suffisants dans un contexte marqué par le poids des besoins budgétaires de l'administration pénitentiaire et par une tendance jusqu'à présent au fléchage des moyens accordés sur certains contentieux prioritaires ? Les chefs de cours et de juridictions sont comptables d'un ensemble de domaines variés pénaux et civils, et demandeurs d'autonomie. Il est impératif à cet égard que l'on parvienne à finaliser un référentiel des charges de travail de l'ensemble des fonctions de magistrats du siège et du parquet.

Au-delà des craintes pour l'État de droit liées au statut inadapté du ministère public, comme je l'ai déjà exprimé, je crains une tendance à l'« administrativisation » des procureurs de la République. Sans jamais négliger mon insertion dans les politiques publiques, j'ai toujours considéré que mon premier métier était le judiciaire, avec pour objectif de traiter de manière prévisible, impartiale, indépendante, correcte et rapide les procédures pénales, commerciales ou civiles relevant de l'office du ministère public. Au pénal, notre cœur de métier consiste à exercer des poursuites « propres » en vue de garantir la qualité du travail du juge. Le souci du justiciable a toujours été au cœur de mes préoccupations. Un traitement correct et rapide de ses plaintes ou des faits qu'on lui reproche lui est dû. Plus que la manière dont sont mises en œuvre les politiques publiques, c'est cela qui lui importe.

Prévisibilité, impartialité, indépendance, capacité à expliquer ses décisions individuelles : voilà ce qui est pour moi au cœur des fonctions de procureur de la République… au risque de déplaire, c'est aussi cela, être procureur.

Maryvonne Caillibotte : « Les services du Premier ministre n'ont pas cru bon d'aviser le président de la République... »

La procureure de Versailles a la fonction dans la peau. Elle témoigne d'un parcours jalonné de dossiers brûlants comme l'affaire Chirac. Souvenir frappant de 2002, la tuerie du conseil municipal de Nanterre marquée par quelques couacs institutionnels.

Je suis une pragmatique. J'ai une ambition de qualité pour mon office et je me donne les moyens pour parvenir à mes fins. Le parquet est avant tout un collectif qui repose sur une structure solide et une organisation adaptée à nos missions, expression d'une politique pénale assurant la pertinence et la cohérence de la réponse judiciaire afin d'éviter arbitraire et incompréhension.

Les journées sont longues, denses, épuisantes, les obligations, multiples, mais cette frénésie me stimule. À mes collègues, aux jeunes magistrats que je reçois, je dis : « Le parquet incarne "l'intranquillité permanente". » Pour autant, ma responsabilité est de veiller à la qualité de leurs conditions de travail, car la qualité de leur mission en dépend.

La journée du procureur est marquée par l'imprévu : une saisine, une recherche de disparu, une alerte incendie, une affaire surmédiatisée de façon inattendue… Les tâches liées à l'organisation, le management, la prospective pèsent dans la vie d'un procureur. Autant que je le peux, je sors de mon bureau à la rencontre de mes collègues. Leur contact est essentiel pour m'aider dans la prise de décision ; je me nourris de ce travail d'équipe.

Mon désir de devenir magistrat demeure un mystère, une sorte d'évidence apparue autour de mes quatorze ou seize ans, et qui ne m'a plus quittée. J'en ignore l'origine, ne comptant aucun membre de cette profession dans la famille. Mon père avait le sens de l'intérêt général, s'impliquant dans des mandats municipaux, des responsabilités syndicales et associatives. Je déplore qu'il n'ait jamais été récompensé pour son action au service de la collectivité. Recevant un jour l'Ordre national du mérite, je tarde à me faire décorer par mon parrain dans ce métier, Yves Bot[1], lequel me reproche de ne pas avoir organisé une petite réception. Comment imaginer qu'à mon âge (j'avais à peine quarante ans), je recevrais cette décoration alors que mon père ne l'avait pas obtenue ?

Je bénéficie durant ma formation de la compétence d'un grand magistrat du parquet, Laurent Le Mesle,

1. Yves Bot, décédé en 2019, occupait alors le poste d'avocat général à la Cour de justice de l'Union européenne. Il a successivement été procureur de Nanterre et Paris et procureur général de Paris.

qui m'inspire à la fois crainte et admiration sans borne. Il est devenu un ami précieux. Mon premier poste comme substitut exauce un rêve. Le tribunal de Montluçon m'accueille, suivi quelques années plus tard d'un poste à Nanterre, dans les pas d'Yves Bot alors nommé procureur, pour prendre en charge le secrétariat général du parquet.

*

En 1995 commencent à Nanterre mes premières vraies relations avec la presse dans un contexte lourd, celui de l'affaire dite des « Charpentiers de Paris », devenue celle des emplois fictifs de la Ville de Paris, puis l'affaire Chirac, qui a valu la condamnation d'Alain Juppé comme trésorier du Rassemblement pour la République (RPR)[1]. Yves Bot a été le premier

1. Yves Bot ouvre une information judiciaire en juillet 1996 au vu d'une potentielle infraction de création d'emplois fictifs par l'ex-trésorière adjointe Louise-Yvonne Casetta, surnommée la Cassette. Deux emplois fictifs au sein de la Société des charpentiers de Paris qui prendrait en réalité en charge les salaires de deux secrétaires du RPR sont au cœur de l'instruction. L'affaire est confiée au juge de Nanterre, Patrick Desmure, qui instruit un autre dossier de fausses factures au bénéfice du parti. Relaxée par la suite dans le dossier des Charpentiers, Louise-Yvonne Casetta est condamnée en appel à six mois de prison avec sursis pour l'affaire des marchés truqués des lycées d'Île-de-France. Quant à Alain Juppé, il sera condamné par cette même cour d'appel de Versailles le 30 janvier 2004 à quatorze mois de prison avec sursis et un an d'inéligibilité. L'ex-Premier ministre part enseigner au Canada durant deux ans avant de reprendre son mandat de maire de Bordeaux. (« Louise-Yvonne Casetta condamnée en appel à 6 mois de prison avec sursis », *Le Monde*, 21 décembre 2001 ; « Franck Johannes et Alain Juppé "reconnu coupable", le système RPR condamné », *Le Monde*, 31 juillet 2004).

à écrire sur l'immunité du président de la République après avoir rassemblé une jurisprudence, élaboré une doctrine et rendu un avis et un réquisitoire en ce sens.

À l'origine, la Société des charpentiers de Paris est refusée sur un marché public dans les Hauts-de-Seine. Apparaît alors la fameuse « Casette », Louise-Yvonne Casetta, ancienne trésorière adjointe du RPR. De fil en aiguille, l'affaire monte en puissance. Elle met en cause le président de la République en place et ses lieutenants, voire ses ministres. J'aurais préféré qu'Yves Bot puisse en parler mais, hélas, il n'est plus là pour s'exprimer.

Le procureur de la République fait son travail en dépit de conseils avisés qu'il reçoit : « Mais, êtes-vous bien sûr de ce que vous faites ? » La hiérarchie exerce des pressions. Quant aux politiques, ils se manifestent sous forme d'interrogations, de questions fermées : est-ce vraiment la bonne décision à prendre ? D'une certaine façon, Yves Bot est considéré comme un traître à sa famille politique, la droite. Je témoigne de ce climat pesant où il se livre à moi en confiance. Pour lui, l'affaire est claire et nette, elle doit prospérer[1].

L'autre gros événement de cette période a été l'affaire Richard Durn qui a abattu plusieurs personnes lors du conseil municipal de Nanterre et en a blessé quelques

1. En 2000, le procureur de Nanterre saisit le procureur général auprès de la Cour de cassation afin que la haute juridiction tranche sur la question des poursuites judiciaires envers le chef de l'État. Jacques Chirac sera par la suite condamné en 2011 à deux ans de prison avec sursis. Il ne fera pas appel de la décision (« Le procureur Bot relance la procédure contre Chirac », *L'Obs*, 8 juillet 2000 ; « Jacques Chirac condamné à deux ans de prison avec sursis », *Le Monde*, 15 décembre 2001).

autres[1]. Le procureur décide de poursuivre l'enquête alors même que l'action publique s'éteint au bout de quelques heures par le suicide de l'auteur. Je suis sans interruption aux côtés du chef du parquet. Nous souhaitons donner aux familles des victimes le maximum d'informations en organisant ce que nous appelons une « restitution ». Tous sont conviés dans la salle de la cour d'assises en présence de la brigade criminelle pour restituer l'intégralité des éléments du dossier. Un moment exceptionnel rempli d'émotion, de dignité aussi.

Le suicide de Richard Durn dans les locaux du 36, quai des Orfèvres déclenche une inspection au cours de laquelle sont auditionnés le patron de la brigade criminelle, Frédéric Péchenard, Yves Bot et moi-même. Le procès devenant impossible à cause du décès, il faut absolument désigner un responsable. Pour moi, quand quelqu'un a l'intention de se suicider, il va jusqu'au bout. Le risque existait, nous le connaissions : qu'il s'agisse de la brigade criminelle ou de nous-mêmes, nous avions balisé les points où Durn pouvait potentiellement échapper à notre surveillance. Mais cela n'a pas suffi. L'enquête conclura qu'aucune faute ne nous est imputable.

1. Le 27 mars 2002, vers une heure du matin, Richard Durn pénètre dans la salle du conseil municipal de Nanterre qui vient de s'achever. L'auteur abat huit élus avec un pistolet automatique et blesse dix-neuf autres personnes avant d'être maîtrisé. Le lendemain, Richard Durn se suicide à 10 h 20 au cours d'une audition dans les locaux du 36, quai des Orfèvres. Le suspect parvient à se jeter du quatrième étage en ouvrant le vasistas du bureau 414 (Jean-Michel Décugis, Dominique Dunglas, Christophe Labbé et Olivia Recasens, « Richard Durn : itinéraire d'un tueur d'élus », *Le Point*, 5 avril 2002).

Reste le contexte politique, cette affaire intervenant au moment de la campagne de Jacques Chirac pour sa réélection en 2002. Aussi incroyable que cela puisse paraître, les services du Premier ministre n'ont pas cru bon d'aviser le président la République de ce qui venait de se passer… Un tel événement implique normalement une chaîne de remontée d'informations au niveau du préfet. Pourtant, elle n'a pas fonctionné. Quelqu'un tire, tue et blesse dans un conseil municipal alors que la thématique de la sécurité est au cœur de la campagne et personne n'avise le président de la République ! Les politiques de tous bords s'annoncent sur les lieux. Le Premier ministre est attendu, l'absence d'échanges avec l'Élysée m'interpelle encore. Le président débarque à la mairie de Nanterre au petit matin.

*

Yves Bot est nommé procureur de Paris : je poursuis ma collaboration avec lui comme chargée de mission pour la communication, assurant les relations quotidiennes avec la presse dans une vraie permanence. Yves Bot sait poser des contrats de confiance avec les journalistes, comprend quels bénéfices la presse peut apporter à l'activité judiciaire. Un dossier me marque à cette période : l'affaire du bagagiste de Roissy[1] qui provoque

1. Abderrezak Besseghir, vingt-sept ans, est interpellé en décembre 2002 après la découverte d'armes et d'explosifs dans le coffre de sa voiture. Il est remis en liberté le 19 janvier 2003 après qu'un ancien militaire a reconnu avoir volontairement placé ces fausses pièces à conviction dans le véhicule du bagagiste. Il dit avoir agi pour le compte de la belle-famille soucieuse de

la saisine du juge antiterroriste Gilbert Thiel et de la sous-direction antiterroriste. Nous nous apercevons assez rapidement que rien ne tient, qu'une simple vengeance familiale est à l'origine d'une incroyable explosion médiatique.

Je ne peux manquer d'évoquer ici l'affaire d'Outreau : Fabrice Burgaud est alors substitut à la section antiterroriste du parquet de Paris. L'ancien juge d'instruction nous explique qu'il est convoqué comme témoin dans un procès d'assises pour un dossier qu'il a traité dans ses précédentes fonctions à Boulogne. La lecture des médias nous incite à penser qu'il se passe quelque chose de sérieux. Burgaud nous confie que ce dossier ressemble à beaucoup d'autres gérés dans son cabinet, que ses décisions ont en outre été validées par la chambre de l'instruction de la cour d'appel de Douai. Il demeure convaincu d'avoir mené ses investigations avec bon sens, que les personnes impliquées méritent de l'être[1].

Nous ne connaissons pas du tout le dossier, mais la presse fait monter une énorme pression. Ma mission est d'accompagner notre collègue à la cour d'assises de Saint-Omer. Si j'ai siégé durant sept ans aux assises de Paris, je n'ai jamais vu quelqu'un entendu aussi longtemps comme témoin à la barre. Commencée le matin, l'audition se poursuit jusqu'à dix-sept heures, avec une pause déjeuner. Je suis choquée de la manière dont les

venger la mort de sa fille dans un incendie (« Le bagagiste de Roissy a bien été victime d'un complot familial », *Le Monde*, 11 janvier 2003).

1. Voir à ce sujet le témoignage de Samuel Vuelta Simon.

avocats interrogent Fabrice Burgaud. L'audience appartient aux avocats, la direction d'audience n'est pas à la hauteur, qu'il s'agisse de la présidence ou du parquet. Le témoin se fige peu à peu, pris sous un feu incessant de questions. Il adoptera la même attitude en déposant plus tard devant la commission d'enquête parlementaire, sans jamais varier dans sa position. Je supporte mal qu'on maltraite ainsi des témoins, quels qu'ils soient, alors que j'ai moi-même pu en pousser dans leurs retranchements aux assises, mais les présidents veillaient au respect des limites.

*

J'occupe en 2005 mon premier poste de procureure de la République à Saint-Brieuc, dans mon pays, la Bretagne. Très vite, me voilà happée par une douloureuse affaire locale. Nous sommes en juin, deux petites filles de deux ans meurent noyées dans leur baignoire. Cette famille de bouchers charcutiers loge dans l'appartement situé au-dessus du commerce. Les parents partent prendre un verre dans le café d'en face, laissant les enfants dans leur baignoire avec quelques centimètres d'eau. Le père revient pour ajouter un peu d'eau chaude dans la baignoire en tournant un robinet, dont on établira plus tard qu'il est défectueux. Puis il repart. Une vision d'horreur attend les parents de retour chez eux. La baignoire déborde, l'une des petites est déjà décédée, la seconde va suivre. On pense qu'elles sont parvenues à rouvrir le robinet…

Une question me taraude : peut-on qualifier les faits d'homicide involontaire devant la négligence des parents ? Je choisis de ne pas poursuivre au terme d'une enquête approfondie. La hiérarchie me suit. L'opportunité de poursuivre est une responsabilité extraordinaire du ministère public. Je me suis interrogée : qu'est-ce que la société peut encore avoir à réclamer à ces parents responsables de la mort de leurs petites ? Qu'apporterait une condamnation ? Doit-on en faire un exemple, une affaire de principe ? Quelle peine réclamer à l'audience ? Représentante de la société dont les règles ont été bafouées, dois-je réclamer quelque chose de plus ? Cette histoire est d'une tristesse indicible. J'avais un fils du même âge à l'époque, on se projette toujours un peu.

Une autre affaire survenue à Saint-Brieuc démontre que certains événements peuvent vous échapper. Nous sommes un samedi matin, je rentre du marché. Ma collègue de permanence m'informe qu'un policier de la police municipale d'une commune alentour a tiré en direction d'un mineur sans le toucher. C'est le week-end de Pâques. Tous les ingrédients sont réunis : usage d'une arme, police municipale qui tire dans des circonstances troubles sur un mineur connu des services pour une tentative de vol de deux-roues… Je me dis : soit il ne se passe rien, soit les journalistes n'ont rien à se mettre sous la dent durant le week-end et tout montera en flèche. Le deuxième cas de figure l'emporte : à vingt heures, je suis en direct sur TF1. Fort heureusement, j'ai appris au fil des années à ne pas être désarçonnée par ce type de situation. L'intérêt pour l'affaire, chassée par une autre actualité, se tarit aussitôt.

*

L'élection de Nicolas Sarkozy, en mai 2007, donne une nouvelle orientation à ma carrière. François Fillon, alors Premier ministre, me contacte pour le poste de conseiller justice, que j'accepte immédiatement. Je suis partie du jour au lendemain de Saint-Brieuc, intégrant l'équipe le lundi qui suit l'intronisation du nouveau président et conservant cette fonction jusqu'en mars 2010. À cette date, je suis nommée directrice des affaires criminelles et des grâces (DACG), ce dont je suis particulièrement fière, étant la première femme à occuper cette haute fonction que j'exercerai jusqu'en juillet 2012 et l'élection de François Hollande. Christiane Taubira sera alors nommée, reprenant dans son équipe des membres de l'ancien cabinet d'Élisabeth Guigou. Le DACG est le premier directeur à être remercié en cas d'élection.

Me voilà nommée avocate générale à la cour d'appel de Paris, mission qui résonne comme une sanction, les directeurs sortants étant d'ordinaire affectés à des postes de procureur ou procureur général dans de grands tribunaux. Le seul qui, à ma connaissance, ait échappé à la règle s'appelle Franck Terrier, sanctionné en 1993 pour sa proximité supposée avec Bernard Tapie dans la gestion de ses dossiers judiciaires. Quant à moi, je deviens coordonnatrice à la cour d'assises de Paris entre 2012 et 2019, date à laquelle je reprends des fonctions de procureure à Versailles.

*

Versailles est une juridiction mal connue et méconnue, considérée à tort comme confortable, dans une commune où il fait bon vivre près du château et de ses grandes eaux. Les Yvelines demeurent pourtant historiquement marquées par de graves épisodes de violences urbaines, comme le confirment les événements de l'été 2023 à la suite de la mort du jeune Nahel, tué par un policier. Le film *La Haine* prend pour cadre Chanteloup-les-Vignes. L'incendie d'un chapiteau dans cette commune au terme d'une nuit de violences en 2019 a marqué les esprits[1]. Le département pâtit par ailleurs du phénomène de communautarisme et de radicalisation. Le terrorisme infuse : un couple de policiers poignardé à son domicile à l'arme blanche à Magnanville en 2016 sous les yeux de son fils de quatre ans, l'attentat contre Samuel Paty en 2020, l'assassinat de Stéphanie Montfermé en 2021 dans son commissariat de Rambouillet. Le Parquet national antiterroriste (Pnat) prend en charge et traite toutes ces procédures criminelles.

1. Cette nuit-là, quatre délinquants mettent le feu à une école de cirque qui est entièrement détruite dans l'incendie. Âgés de vingt à vingt-cinq ans, les prévenus sont condamnés en septembre 2021 à des peines d'un ou deux ans de prison (Marc Taubert avec AFP, « Incendie d'un chapiteau à Chanteloup-les-Vignes : prison ferme pour les accusés », site France Info, 24 septembre 2021).

Mais, à Versailles, le parquet prend de plein fouet les ondes de choc du « terro », puisqu'il doit gérer depuis l'affaire Paty une série de procédures pour apologie d'actes de terrorisme en conséquence de la diffusion de photos de la tête décapitée de l'enseignant dans les collèges. En raison de la proximité avec la base militaire de Villacoublay, notre parquet accueille par ailleurs les mineurs de retour de zones de combats djihadistes. Un réel savoir-faire s'y est développé depuis 2019 en lien avec tous les intervenants : les services de la préfecture, l'Éducation nationale, l'aide sociale à l'enfance, la Protection judiciaire de la jeunesse… Des mineurs parfois sans le moindre état civil sont accueillis à la descente de l'avion. Un juge des enfants gère alors les procédures pour accompagner leur évolution au long cours. Certains d'entre eux ont un destin positif, pour d'autres, c'est bien plus compliqué. Il convient de mettre en place des structures qui permettent de suivre leur évolution scolaire, psychologique, médicale. Certains n'ont connu que les camps, ils y sont nés. Puis ils grandissent, posent des questions qu'ils ne posaient pas au début. Leur scolarisation est une nécessité.

Depuis 2022, le retour des mères est organisé en parallèle de celui des mineurs. Désormais, deux circuits existent : celui des enfants, avec mise en sécurisation et prise en charge éducative, puis un circuit judiciaire pénal comprenant l'incarcération des mères, gérée par le Pnat. Quant aux mineurs, ils sont pris en charge soit par le département des Yvelines, soit par des départements retenus en fonction de liens établis avec l'intéressé. Quand les familles se manifestent, nous vérifions leurs capacités matérielles et intellectuelles à recueillir ces jeunes.

Pour revenir à notre activité pénale de droit commun, une affaire défraie la chronique en novembre 2021 : l'agression de la joueuse du PSG Kheira Hamraoui. Nous sommes compétents, le centre d'entraînement du PSG étant situé dans les Yvelines. Ce dossier permet de mesurer combien tout ce qui touche au PSG relève du passionnel. Hamraoui a été frappée par deux agresseurs au cours de ce qui peut ressembler à un guet-apens[1]. Qui les a informés de sa présence sur les lieux ?

L'affaire pénale ne présente pas, en elle-même, de réelles difficultés de procédure, mais il faut assumer une déferlante médiatique avec beaucoup de désinformation. Tous les ingrédients sont réunis pour passionner la presse sur fond de violences commises contre une joueuse internationale contrainte d'arrêter d'exercer pendant un certain temps pour l'équipe de France. Nous suivons deux pistes : une affaire interne car les rivalités entre footballeuses sont connues des gens qui s'intéressent à la discipline, puis une cause externe, relative à un ancien joueur de Barcelone, dont l'ex-femme aurait pu être soupçonnée.

Entre les journalistes, c'est la course à l'échalote, à celui ou celle qui aura le plus d'infos. Ces professionnels ne sont pas nos ennemis, mais ne sont pas pour

1. Kheira Hamraoui est agressée le 4 novembre 2021 alors qu'elle se trouve dans le véhicule conduit par Aminata Diallo. Elle est frappée aux jambes à coups de barre de fer par des agresseurs qui prennent la fuite (« Agression de Kheira Hamraoui : l'étau se resserre autour d'Aminata Diallo », site BFM/RMC Sport, 16 mars 2023).

autant nos amis. Leurs intérêts ne sont pas forcément les mêmes que les miens. Je connais certains d'entre eux depuis longtemps, ce qui facilite les choses. Durant quasiment une semaine, je ne cesse de répondre à la presse pour un résultat qui demeure à la main du journaliste. Pendant ce temps, mon équipe gère l'enquête avec les services de police. Nous établissons ce qu'il est possible de dire ou non. Au stade actuel de la procédure d'instruction, une autre joueuse, Aminata Diallo, en concurrence avec Hamraoui au sein de l'équipe du PSG et de l'équipe de France, est suspectée d'être la commanditaire[1]. Elle est mise en examen à ce titre.

*

J'aimerais, au-delà des gros dossiers qu'il m'est arrivé de traiter à Versailles, élargir le débat aux questions qui touchent à la réforme de la police au sujet de laquelle je suis profondément dubitative. Nous sommes dans le flou, de même que les services de police eux-mêmes. Les conclusions des expérimentations menées ici et là n'ont pas été probantes. Partant du constat d'une sécurité publique débordée par la masse des contentieux, il est décidé de leur adjoindre les services spécialisés, notamment la police judiciaire, sous la coupe d'un super directeur départemental de la police nationale susceptible de devenir l'interlocuteur privilégié du préfet. Comment les magistrats vont-ils s'intégrer dans cette réforme qui

1. « Agression de Hamraoui : Aminata Diallo mise en examen pour "violences aggravées" », site Europe 1 avec AFP, 16 septembre 2022.

pose la question essentielle de la saisine du service ? Les services de police judiciaire qui peuvent consacrer des moyens aux enquêtes difficiles (crimes, criminalité organisée…) devront gérer un gros volume de dossiers et faire face à une dénaturation de leur mission.

S'ajoute la question récurrente de notre statut. On fera davantage confiance à un juge d'instruction qu'à un procureur dans la conduite d'une enquête. La jurisprudence européenne nous harponne. Dans des décisions largement reprises par la Cour de cassation, la jurisprudence de la Cour de justice de l'Union européenne estime que nous manquons de l'indépendance nécessaire dans les enquêtes parce que nous sommes en outre autorités de poursuites. Cette position s'est traduite récemment dans des décisions concernant les données de géolocalisation, très utiles dans les enquêtes. Un individu peut être géolocalisé, mais cela porte atteinte à sa vie privée : l'enjeu juridique est désormais de déterminer si l'atteinte à la vie privée est proportionnée aux nécessités de l'enquête, à la gravité des faits. Le premier contrôle est opéré par un magistrat du parquet qui permet aux enquêteurs de recueillir ces données avec son aval. C'est un paradoxe ; cette décision motivée pourra être remise en cause devant le tribunal, ce qui nous questionne sur l'avenir du parquet.

Mes années passées à ces hautes fonctions m'ont laissé une image : le parquet, c'est le concierge, il ouvre la salle de bal, passe le balai pour que tout soit propre. Il dresse ensuite la table, veille à ce que tout soit prêt pour le repas. Quand la table est dressée, les magistrats du siège dégustent ses plats et donnent leur avis. Et lorsque le repas est terminé, il faut tout ranger, nettoyer et fermer la salle. Puis on recommence.

Nous avons au parquet le sens du rouage, une facilité à mettre de l'huile pour graisser ce qui grince. Au début d'une histoire, nous prenons les décisions d'orientation, nous nous rendons à l'audience, prenons des réquisitions. Enfin, nous participons à l'exécution de la peine.

Un juré m'adressera à l'issue d'une session d'assises l'une des lettres les plus émouvantes que j'aie reçues. Ce chirurgien pensait qu'il ne pouvait y avoir de plus beau métier au monde que le sien. « Maintenant, je sais qu'il y en a d'autres », m'a-t-il écrit.

Xavier Bonhomme : « Manuel Valls et Christiane Taubira cherchent à mieux appréhender la situation »

Xavier Bonhomme, actuel procureur général de Nîmes, suit un parcours de guerrier du parquet et collectionne les souvenirs marquants, comme cette réunion de crise en novembre 2012 à Ajaccio, au lendemain de l'assassinat du président de la chambre de commerce de Corse du Sud, Jacques Nacer.

J'entre à l'ENM en 1989 après des études de droit à Orléans et Paris. J'occupe par la suite un premier poste à Melun, puis dans la capitale où j'intègre la célèbre 8e section du parquet chargée des crimes et délits flagrants, immortalisée par deux célèbres documentaires du photographe Raymond Depardon. Le climat est particulièrement pesant en raison des attentats de 1995. Un serial killer sévit en outre dans la ville, identifié plus tard en la personne de Guy Georges, l'ensemble de la section se trouve alors constamment sur le qui-vive, dans la crainte d'un prochain passage à l'acte.

Début 2004, je suis nommé vice-procureur section généraliste au parquet de Marseille après un long passage à l'instruction d'Avignon. Au bout de quelques mois, je suis placé à la tête du parquet financier. Deux dossiers me restent particulièrement en mémoire. Celui, tout d'abord, des époux Mégret, poursuivis pour détournement de fonds publics puis condamnés[1]. J'insiste sur le fait que malgré le contexte très politique, je n'ai jamais reçu la moindre instruction dans cette affaire et je n'en ai au demeurant jamais reçu en trente années de pratique professionnelle.

Le deuxième souvenir marquant correspond au transfert du joueur argentin Eduardo Tuzzio à l'OM, qui s'est accompagné de fraudes et de versements de commissions suspectes. L'intervention d'un agent de joueurs rétribué plusieurs centaines de milliers d'euros pour un travail assez dérisoire justifie les poursuites, non seulement contre celui-ci, mais également contre l'ancien président du club vendeur, le Servette de Genève. Du côté de l'OM, l'ex-directeur financier Pierre Dubiton se retrouve sur le banc des prévenus, alors défendu par notre actuel garde des Sceaux, Éric Dupond-Moretti. Dubiton, personnage haut en couleur, difficilement gérable, n'a pas hésité à me menacer lors de l'audience : « Je vais vous foutre sur la gueule[2] », m'a-t-il lancé.

1. En novembre 2007, la cour d'appel d'Aix-en-Provence confirme la condamnation de Bruno Mégret, ex-bras droit de Jean-Marie Le Pen et président du Mouvement national républicain (MNR) et de son épouse, Catherine, ancienne maire de Vitrolles, à huit mois de prison avec sursis et 8 000 euros d'amende pour détournement de fonds publics.

2. En 2008, la cour d'appel d'Aix-en-Provence confirme une condamnation en première instance de Pierre Dubiton à douze mois de prison avec sursis et 7 500 euros d'amende pour « abus de confiance ».

*

Perpignan suit Marseille, puis vient l'heure de prendre le poste très sensible de procureur de la République à Ajaccio. À peine installé, je suis confronté à une première vague d'attentats nationalistes qui touche des commerces de la ville, comme une sorte de mise en bouche. Le 16 octobre 2012, l'avocat Antoine Sollacaro est assassiné[1]. Je me trouve ce jour-là à Paris dans les locaux de l'ENM, contraint de rentrer sur-le-champ à Ajaccio. L'avion est bondé de journalistes qui m'identifient très vite et se précipitent vers moi. Je réponds ainsi à leurs sollicitations : « Je ferai une conférence de presse en fin de journée ! » D'autres assassinats vont suivre à Ajaccio, dont celui, le 14 novembre suivant, du président de la CCI Jacques Nacer[2], puis au printemps suivant du président du parc régional de Corse, Jean-Luc Chiappini[3].

1. Ancien bâtonnier d'Ajaccio et ex-militant nationaliste, Antoine Sollacaro est abattu de plusieurs balles par des tueurs à moto le 16 octobre 2012 dans une station-service de la route des Sanguinaires (« Il y a dix ans, l'avocat Antoine Sollacaro était assassiné à Ajaccio », Corse net info avec AFP, 19 octobre 2022).

2. Le président de la chambre de commerce et d'industrie de Corse du Sud est abattu le 14 novembre 2012 par un tueur casqué dans sa boutique de la rue Fesch dans un scénario qui représente beaucoup de similitudes avec l'exécution d'Antoine Sollacaro. Mais faute d'éléments probants, le magistrat chargé du dossier prononce un non-lieu en mai 2022. (« Non-lieu prononcé dans l'enquête sur l'assassinat du président de la CCI de Corse du Sud », *Ouest-France* avec AFP, 20 mai 2022.)

3. Président du parc naturel régional de Corse et maire de Leta, Jean-Luc Chiappini est abattu le 25 avril 2013 non loin de l'aéroport Campo dell'Oro. Un pistolet 9 mm est découvert dans la boîte à gants de son

Vu la gravité de la situation, Christine Taubira publie le 23 novembre 2012 une circulaire de politique pénale territoriale destinée à améliorer le fonctionnement judiciaire, à lutter plus efficacement contre la délinquance, notamment organisée et, enfin, à créer des instances de coordination en lien avec la chancellerie. Les réunions se succèdent avec nos collègues de la Jirs de Marseille, saisis de ces lourds dossiers. En Corse, la porosité ambiante complexifie notre travail. Je considère que le poste de procureur à Ajaccio, bien qu'affecté à un petit ressort, est l'un des plus délicats qui soient, les enjeux y étant très sensibles. Nous subissons, nous, magistrats, une critique locale systématique, corollaire de celles désormais récurrentes à l'encontre des institutions de l'État.

Malgré ces accusations profondément injustes, j'estime que nous avons obtenu de très bons résultats, le nombre d'homicides ayant, en deux années, fortement diminué. Il apparaît impossible d'afficher publiquement dans ce contexte des dissensions entre services de l'État, même si, en interne, on se doit de se dire les choses tout en respectant les prérogatives de chacun. L'hyperidentification dans l'île complique tout : impossible de faire un pas sans que tout le monde ne soit au courant. Ce n'est ni agréable ni facile à vivre sur un plan personnel.

Une porosité évidente touche les services d'enquête et nos partenaires naturels. La voyoucratie corse dans

---

véhicule (« Corse : Jean-Luc Chiappini, président du parc naturel régional, tué par balles », *Le Monde*, 25 avril 2013).

son ensemble sait utiliser tous les moyens, y compris judiciaires, pour contrer notre action, notamment en déposant plainte contre des magistrats, ce qui peut avoir pour effet de ne pas pouvoir résoudre certaines affaires avec efficacité. Le poste de procureur induit des pressions quotidiennes liées au contexte local, totalement étrangères à ma propre hiérarchie, je tiens à le préciser.

Quand vous apprenez qu'un avocat est victime de ce type de faits criminels, puis un mois plus tard, le président de la chambre de commerce et d'industrie (CCI), une question vient rapidement à l'esprit : qui sera le prochain ? J'ai souvenir d'avoir été informé du décès de Jacques Nacer par un journaliste de France 3 ViaStella, alors que l'assassinat s'était déroulé à quelques centaines de mètres seulement du palais de justice. Dans la soirée et la nuit du 14 novembre 2012, la garde des Sceaux Christine Taubira et le ministre de l'Intérieur Manuel Valls débarquent à Ajaccio. Une réunion de travail se déroule jusqu'à cinq heures du matin pour reprendre deux heures plus tard dans le but de dégager les mesures efficaces face à la situation, notamment la création d'instances de coordination de certains services, placées sous l'égide de la chancellerie. Cette nuit-là constitue un moment fort où tour à tour Manuel Valls et Christiane Taubira cherchent à mieux appréhender la situation, nous questionnant sans cesse sur ce qui pourrait, à notre avis, permettre d'améliorer les choses. La circulaire de politique pénale territoriale sort neuf jours plus tard et constitue l'outil sur lequel je vais œuvrer pendant trois ans.

Un tel moment constitue nécessairement un instant fort pour un procureur de la République associé dans la démarche avec les plus hautes autorités de l'État, amené à une dense réflexion sur un sujet hautement sensible survenant dans un contexte hors norme. Comme je l'ai dit plus haut, je constate une porosité dans le déroulé des enquêtes. Nécessairement, en enquêtant sur certaines personnes, on touche parfois des politiques ou des notables qui comptent localement, dont les liens avec certains voyous ne sont pas hermétiques. Le problème de la Corse demeure la proximité, sa population dépassant à peine à l'époque les 300 000 habitants. Tout le monde se connaît, tout le monde est allé à l'école ensemble. Arrivé à l'âge adulte, chacun évolue différemment, l'un est policier, l'autre, journaliste, le dernier, enfin, tourne mal. Il est fort mal aisé de couper ces connexions dans une région marquée par l'histoire où la solidarité est essentielle.

Je ne supporte pas l'attitude de certains journalistes locaux, mais je ne les place pas tous dans le même panier, conservant encore à ce jour des affinités sincères avec nombre d'entre eux. Cependant, alors que j'ai tout fait pour tenter d'entretenir avec eux rapports normaux et relations cordiales, y compris en les conviant au parquet pour suivre ma permanence, je dois reconnaître qu'avec quelques-uns, j'ai échoué. La porosité évoquée plus haut est pour certains plus qu'une évidence, c'est pourquoi je suis constamment pris à partie dans des articles. Ce commentaire peut s'appliquer à l'égard de certains enquêteurs locaux peu fiables, d'où l'intérêt de saisir la Jirs à Marseille qui, elle, peut s'appuyer sur des offices centraux suffisamment étanches. Pour la sérénité des investigations, il est également nécessaire que certaines affaires soient délocalisées en dehors de la juridiction du procureur local qui, de surcroît, n'a pas, faute d'effectifs suffisants, les moyens de mener des investigations efficaces.

À l'époque, la Jirs est hyper-critiquée localement. On parle de juridiction d'exception, de moyens d'exception, le tout dans un climat de défiance. Je rappelle que lesdits moyens relèvent du Code de procédure pénale, donc de la loi. Ces instruments juridiques peuvent être au demeurant utilisés par toutes les juridictions françaises, y compris par celles qui ne sont pas Jirs. Nous remarquons que pendant plusieurs années, la famille Sollacaro ne s'est pas constituée partie civile, ce qui est significatif.

La Corse est un territoire hors norme et formateur dans lequel j'ai eu la chance de côtoyer des personnes de grande qualité, comme le préfet Patrick Strzoda, un véritable homme d'État. Au sujet de l'île, on parle volontiers de mafia, sans doute de façon un peu excessive. *A minima*, nous constatons des comportements mafieux marqués par une porosité entre certaines personnes publiques et le crime organisé. Cette porosité touche nécessairement la sphère des marchés publics, les intérêts financiers s'avérant considérables. À l'époque, l'équipe du Petit Bar[1] monte en puissance, posant une chappe de plomb sur la ville, portée par

1. Du nom d'un bar du cours Napoléon qui est le siège de l'équipe soupçonnée d'avoir assassiné Antoine Sollacaro.

quelques voyous désireux de semer la terreur en assassinant un avocat, des personnalités publiques[1].

En prenant ce poste très sensible et exposé, je savais pertinemment où je mettais les pieds. Mais je ne m'attendais guère à une telle intensité criminelle qui s'est calmée au fil du temps en raison de l'action efficace des institutions de l'État. Quasi quotidiennement survenait un événement épineux auquel je devais faire face. Pour ce faire, j'ai bénéficié de l'appui indéfectible de ma hiérarchie, des procureurs généraux Marc Désert ou Franck Rastoul avec lesquels je formais une équipe soudée. Les procureurs ne peuvent être isolés dans un tel contexte. Nous échangions presque tous les jours, mais j'insiste sur le fait que seul le procureur de la République gère l'action publique. Elle n'appartient pas au procureur général.

En ce qui concerne les rapports avec la chancellerie, j'adresse pour les affaires sensibles – il s'agit des règles de fonctionnement propres au parquet – un rapport à ma hiérarchie transmis par la suite, complété, au ministère. Les contacts directs entre un procureur et la chancellerie n'existent pas, sauf exception. Tel est le fonctionnement français, le ministère public à la française, qui constitue, selon moi, un gage d'efficacité à préserver, même si des réformes statutaires me semblent nécessaires.

1. Le 28 janvier 2022, la juge d'instruction de la Jirs de Marseille, Anaïs Trubuilt, renvoie aux assises quatre membres de l'équipe du Petit Bar, dont leur chef paraplégique Jacques Santoni et le repenti Patrick Giovannoni. Mais un pourvoi en cassation retarde depuis la tenue de leur procès (Bruno Rieth, « Assassinat d'Antoine Sollacaro en Corse : la bande du Petit Bar renvoyée aux assises », *Marianne*, 6 février 2022).

Quand j'ai quitté la Corse, j'ai dit à mes proches : « Jamais je n'y reviendrai. » Et pourtant, j'y suis retourné en vacances, lié à jamais à cette île magnifique aux paysages superbes et à la population très attachante. Ce moment de ma carrière a été lourd professionnellement et moralement, mais j'en garde un bon souvenir. Un tel poste impose une solidité, une rigueur empreinte d'une déontologie forte, une vie personnelle équilibrée. Cette dernière est nécessairement impactée par l'intensité de l'exercice professionnel.

*

La baie d'Ajaccio s'éloignant, destination Pointe-à-Pitre, en Guadeloupe, en septembre 2015. Je ne connais pas cette île et nous partons donc un peu à l'aventure, mon épouse magistrate et moi-même. Pas de logement ni d'école pour ma fille, pas davantage de point de chute ou de connaissances, mais tout se règle en à peine dix jours. Une délinquance hyperviolente et fréquente m'attend dans un contexte plus favorable qu'en Corse, malgré des chiffres vertigineux : cinquante homicides par an, plus de mille braquages…

La Guadeloupe se divise en deux tribunaux, l'un à Pointe-à-Pitre, l'autre à Basse-Terre. La compétence pour les affaires criminelles s'étend sur toute la Guadeloupe et les îles du Nord, Saint-Barth et Saint-Martin. Ici, contrairement à l'île de Beauté, les auteurs des crimes demeurent parfois sur les lieux, ce qui permet de les identifier très rapidement grâce aux témoignages recueillis sur place. La plupart reconnaissent facilement leur culpabilité, même souvent, ce que l'on ne leur demande pas, ce qui change totalement de mon expérience corse… Nous sommes par ailleurs moins soumis au regard de l'administration centrale. Certaines affaires marquent par leur intensité criminelle, comme l'homicide en maison d'arrêt d'un détenu incarcéré pour le meurtre et le viol d'une touriste joggeuse à Saint-Martin. L'auteur a été assassiné dans sa cellule après avoir subi d'horribles tortures…

Le quotidien hors contexte judiciaire n'est pas de tout repos. Nous subissons deux ouragans majeurs durant mon séjour, les célèbres tempêtes Maria et Irma. La porosité existe sur cette île, comme en Corse, mais avec un gros bémol : on ne critique pas, ou en tout cas très peu, le fonctionnement des institutions, notamment judiciaires. Les rancœurs se focalisent sur les aspects économiques, sociaux, et les suites de l'esclavagisme, qui demeure un épisode historique douloureux dans les esprits.

*

L'heure niçoise arrive alors que je n'ai pas postulé pour ce tribunal ayant, disons-le, mauvaise réputation depuis de nombreuses années. Être procureur de la République induit de porter deux casquettes, celle de mener l'action publique et celle de diriger le tribunal avec le président. Vous administrez une petite entreprise, ou une grosse, c'est selon. Tout le monde sait qu'ici, la gestion RH n'est pas facile au sein du palais. Mon prédécesseur, Jean-Michel Prêtre, a quitté son poste par la petite porte en raison de l'affaire Legay[1] et de sa médiatisation qui a dérapé. On me propose malgré mes réticences de prendre le poste, que j'accepte. Nous souhaitions, mon épouse et moi, rentrer en métropole. La région est agréable, le challenge, intéressant : redonner confiance en l'institution judiciaire. Cela me satisfait.

En interne comme en externe, tout le monde se méfie en effet de l'institution judiciaire locale, particulièrement du parquet. Je ne suis pas ici pour critiquer mon prédécesseur, confronté à des difficultés réelles, à des critiques certainement injustes, sans disposer de la même équipe de magistrats. Depuis mon arrivée, les deux tiers des effectifs ont changé… J'ai récupéré de bons éléments, partant du constat réel d'une coupure entre la hiérarchie et la base. Pour que le parquet fonctionne, une équipe solide, soudée, réactive et compétente est nécessaire. Je ne dis pas que tout est parfait aujourd'hui, mais nous avons avancé. Les réseaux souvent mis en avant à Nice existent partout, dans toutes les villes. Cela étant, je n'ai jamais senti dans mes fonctions quotidiennes, ici ni ailleurs, le poids de ces mêmes

1. En mars 2019, une septuagénaire militante d'Attac est grièvement blessée à la suite d'une charge de policiers jugée par la suite « disproportionnée » dans un rapport de l'Inspection générale de la police nationale (IGPN). Le procureur de la République Jean-Michel Prêtre dément dans un premier temps tout contact entre la victime et la police. Ces propos malencontreux sont repris par le président Emmanuel Macron. Quelques jours plus tard, le magistrat revient sur ses déclarations après visionnage de la vidéo des caméras de surveillance de la ville de Nice (« Affaire Legay : le commissaire ayant ordonné la charge renvoyé en correctionnelle », *Le Figaro* avec AFP, 26 juin 2023).

réseaux. On trouve des francs-maçons dans toutes les villes, des clubs Rotary, Lions, etc. Je ne pense pas que ce soit la vraie question.

Nice attire une délinquance particulière. À la tête de son tribunal, des procureurs et des présidents ont marqué de leur personnalité l'institution judiciaire locale. Éric de Montgolfier était un homme brillant qui s'exprimait extrêmement bien dans les médias. J'adore le lire et l'écouter ; il donnait, à mes yeux, une excellente image de la magistrature. Toutefois, quand il commence à mettre en cause certains réseaux, les francs-maçons notamment, j'avoue que j'ai du mal à le suivre.

Je suis assez hermétique à ces fantasmes. À Marseille, on m'avait fredonné le même couplet : attention, tout le monde va débarquer dans ton bureau. Si on vient me voir, ne serait-ce que pour me demander d'intervenir pour un PV, je réponds par la négative, toujours poliment. Quant aux invitations, j'assure le strict minimum, qui relève toujours de l'institutionnel. Dans mes différents postes, je n'ai jamais eu à décliner d'invitations purement personnelles qui auraient pu me placer dans une situation délicate si j'avais dû agir sur le plan judiciaire par la suite. L'image que vous renvoyez par votre attitude ou votre comportement est essentielle. Elle vous préserve grandement de ces difficultés, j'en suis convaincu.

Avant mon arrivée à Nice, certains politiques locaux n'hésitaient pas à critiquer le comportement judiciaire et mon prédécesseur dans les colonnes de *Nice-Matin*. Je n'ai jamais ressenti ou connu personnellement une telle attitude à mon égard parce qu'avec mon équipe, j'ai instauré une politique pénale définie, claire et réactive en restaurant la confiance afin de permettre au parquet d'être considéré comme un partenaire efficace et reconnu. Il s'agit du résultat d'une réorganisation nécessaire pour éliminer cette coupure constatée dès mon arrivée entre la hiérarchie et la base de mon équipe. Globalement, je crois pouvoir affirmer que les choses sont rentrées dans l'ordre sur ce point.

Nice comporte des spécificités délinquantes. La proximité avec la frontière italienne entraîne l'arrivée de dizaines de milliers d'étrangers en situation irrégulière chaque année. S'ajoutent, toujours en raison de cette frontière, des intérêts financiers voire mafieux qui peuvent toucher la ville. La principauté de Monaco voisine nécessite aussi une attention particulière. Certains dossiers d'investissements immobiliers donnent lieu à l'ouverture d'enquêtes ou d'instructions, notamment à la Jirs de Marseille et à Nice. Nous lançons ainsi des investigations sur un projet immobilier en territoire français à la suite de plusieurs plaintes croisées susceptibles de mettre en cause l'entourage de la principauté, ainsi que des hommes politiques d'une commune limitrophe. Dans un précédent dossier, l'affaire de la tour Odéon, le scénario, un peu similaire, avait donné lieu à une relaxe générale[1]. Cette décision me questionne encore.

1. L'affaire de la tour Odéon, la plus haute jamais construite à Monaco, met notamment en cause l'homme d'affaires Lino Alberti, condamné en appel à trois ans de prison avec sursis et 100 000 euros d'amende pour abus de bien social et fraude fiscale. La cour ne retient pas en revanche les faits de corruption supposés relevés au cours de l'instruction au bénéfice du maire de la commune limitrophe de Beausoleil, qui bénéficie d'une

*

Nous pouvons ressentir une frustration quand un dossier dans lequel nous avons requis des peines se traduit par une relaxe. Mais il convient de ne jamais s'éloigner du fonctionnement judiciaire institutionnel. Il nous appartient de faire en sorte qu'une affaire arrive le plus rapidement et le mieux possible devant une juridiction de jugement. Je préfère prendre un dossier par le petit bout de la lorgnette en présentant une ou des infractions qui tiennent de manière certaine pour que le tribunal correctionnel prononce rapidement une condamnation, plutôt que m'engager dans une procédure au long cours dont je ne sortirai jamais, en lançant des investigations tous azimuts. Notre rôle est de faire quelques exemples, l'exemplarité permettant d'écarter rapidement de la vie des affaires et ou de la vie publique certaines personnes qui ne méritent pas, sur le plan de la probité, de poursuivre leurs activités. L'institution judiciaire doit jouer pleinement son rôle. La manière dont on oriente un dossier n'est pas sans conséquences sur la façon dont une affaire tourne, parfois, en eau de boudin, d'autant que les mis en cause ont le droit d'utiliser toutes les voies de recours qui leur sont offertes. C'est la loi.

Je traite beaucoup de dossiers par la voie de l'enquête préliminaire, comme d'ailleurs le parquet national financier (85 % d'entre eux). L'instruction doit être réservée aux affaires complexes nécessitant une

---

relaxe (« Affaire de la tour Odéon, des relaxes et cinq condamnations », *Ouest-France*, 25 janvier 2017).

contradiction importante sur le fond. Celle-ci peut être utile pour générer avant l'audience un débat destiné à alimenter d'éventuelles mesures coercitives comme l'incarcération ou le contrôle judiciaire. Une enquête préliminaire exige une gestion du dossier en parallèle des services de police ou de gendarmerie saisis. Il faut être proactif en cette matière, « driver » constamment les enquêteurs.

Ce procédé de l'enquête préliminaire est fort critiqué par les avocats qui n'ont dans ce cadre pas accès à nos travaux. Or, nous utilisons un biais procédural autorisé pour aviser en fin d'enquête les avocats déjà constitués que le dossier est bouclé, que nous envisageons des poursuites, que nous sollicitons leurs observations. Ils peuvent alors consulter l'intégralité des pièces. On appelle cela « ouvrir la procédure au contradictoire ».

Si un dossier touche de trop près des politiques niçois ou de mon ressort, et/ou s'il le justifie du fait de sa complexité, on peut solliciter – au cas par cas – un dessaisissement dans un autre parquet, au Parquet national financier (PNF), à la Juridiction nationale de lutte contre la criminalité organisée (Junalco) ou à la Jirs. Cette décision peut être préférable, notamment en cas d'élus ayant des compétences partagées en matière de prévention de la délinquance. La démarche permet d'exfiltrer le suivi du dossier, et d'en soulager le procureur local. Cela peut aussi éviter certaines porosités locales.

J'ai toujours respecté les cadres procéduraux, les compétences des uns et des autres, c'est essentiel. Je dois faire preuve de loyauté vis-à-vis de ces institutions partenaires comme la Jirs, la Junalco et autres. Il est de mon devoir de leur demander si l'affaire les intéresse, dès lors que j'estime qu'elle pourrait rentrer dans leur sphère de compétence. Tous les procureurs se doivent d'adopter une telle attitude. Nos collègues sont spécialisés et disposent de services d'enquête tout aussi spécialisés, compétents et de haut niveau.

D'un point de vue plus général, à Nice comme ailleurs, on s'interroge beaucoup sur la réforme de la police nationale. Pour moi, il est nécessaire de repenser son organisation actuelle, qui n'est pas efficiente, ne serait-ce que pour une raison : 3 millions de procédures demeurent en stock dans les commissariats de police de France. À Nice, j'en ai pratiquement 40 000 en souffrance. Elles n'avancent pratiquement pas et quand les enquêtes évoluent, les investigations sont tellement maigres que les procureurs de la République ordonnent des opérations massives de classement, ce qui amène logiquement le justiciable à réclamer des comptes. Une telle situation n'est pas acceptable, d'où la nécessité d'une réforme pour permettre à la police nationale de faire face aux flux de procédures.

Mais il convient de préserver le collectif PJ *stricto sensu* en continuant de placer la police judiciaire sur le haut du spectre de la criminalité, en la chargeant toujours et quasi exclusivement de la lutte contre la grande délinquance, des affaires complexes à énigmes, de la délinquance économique et financière, dont les affaires de probité. Il faut aussi que le lien entre la police judiciaire et l'autorité administrative locale, à savoir le préfet, soit le plus ténu possible. Les limites doivent être préservées. À Nice, nous disposons d'une grosse structure, avec près de 200 enquêteurs, mais ces derniers sont vite dépassés en matière économique et financière par la quantité d'investigations, malgré quelques affaires complexes en cours qui sont bien menées.

Quant à l'évolution de notre statut, je considère, en dépit de l'opinion publique, que je suis indépendant dans mon quotidien judiciaire. Un nouveau statut doit restaurer notre image dans la population ; cela passe notamment par nos conditions de nomination. Nous devons nous calquer sur celles des magistrats du siège. C'est pour moi essentiel. Or, la jurisprudence européenne est un obstacle à cette évolution. Cour européenne des droits de l'homme et Cour de justice de l'Union européenne considèrent que le ministère public français n'est pas une autorité impartiale et indépendante, à l'image du juge du siège, non en raison de ses liens avec l'exécutif, mais au regard de ses pouvoirs et de son rôle dans la procédure pénale qui le placent, selon ces juridictions européennes, en situation de n'être ni impartial ni indépendant.

À partir du moment où nous conduisons l'enquête, nous apprécions les charges pour renvoyer quelqu'un devant un tribunal. Nous portons l'accusation. En réalité, si demain nous accédons au même statut que les juges du siège, cela ne sera pas suffisant selon ces institutions européennes, car nous conserverons notre pouvoir d'enquête dans la procédure pénale. Il faudrait, pour être à leurs yeux indépendants, que nous nous rapprochions du système accusatoire à l'américaine auquel je suis hostile.

Ce n'est pas parce que je dirige l'enquête, évalue les charges, poursuis, que je ne suis pas un magistrat impartial. Je dois exercer ma mission en toute impartialité, enquêter à charge et à décharge. Nous traitons 50 000 procédures par an, dont certaines sont classées quand nous considérons que les charges ne sont pas suffisantes. L'ajout de cette notion d'impartialité ressort d'une loi de 2013. L'image du procureur qui a le couteau entre les dents, qui réclame le maximum de la peine, ne correspond pas à la réalité, et heureusement. Dans mon appréciation personnelle de la culpabilité de quelqu'un, je n'ai pas le sentiment, parce que je suis magistrat, garant des libertés individuelles, d'avoir une appréciation différente d'un magistrat du siège. Je ne poursuis jamais une personne pour voir ce que cela donne.

On ne poursuit pas au doute, de même qu'on ne condamne pas au doute. Quand on poursuit, c'est que l'on est convaincu. Il appartient alors aux avocats d'apporter la contradiction et au tribunal de trancher.

Nicolas Jacquet :
« Comme des hamsters dans leur roue »

Après une expérience de plus de dix ans dans les cabinets ministériels, l'actuel procureur de Lyon demeure très attaché à une fonction qu'il occupe depuis 2004. Il livre une expertise pointue du parquet et se remémore une première affaire criminelle marquante à Bergerac.

C'est en septembre 2004 que je suis nommé pour la première fois procureur de la République, à Bergerac, après avoir exercé les fonctions de conseiller technique pour la justice auprès du Premier ministre.

Lors de mon pot de départ à Matignon, la plupart de mes anciens collègues conseillers ironisent sur ma retraite prématurée dans ce petit parquet de Dordogne, symbole du bien-vivre et de la gastronomie française. Au rythme du foie gras et du monbazillac, pour eux, aucun doute, mon projet est de prendre du poids et de me mettre au vert… C'est bien méconnaître les fonctions de chef de parquet !

Le mardi 21 septembre 2004 marque ma première journée au sein de ma future juridiction. Mon installation officielle est prévue la semaine suivante mais j'ai souhaité rencontrer mon équipe et prendre le pouls de la juridiction. En ce début de matinée, je suis installé dans le bureau de mon adjointe qui m'accueille chaleureusement. Pour vivre depuis longtemps dans un département où elle envisage de finir sa carrière, elle ne me cache pas tous les avantages de la vie en Dordogne. Pour tout dire, sa description des fonctions conforte mon projet de vie et mes premiers pas qui se sont traduits par l'achat d'une maison dans un petit village à proximité immédiate de Bergerac.

Au milieu de notre conversation, son téléphone retentit. Je l'invite à décrocher et je la vois blêmir. Au-delà de l'expression de son visage, je comprends rapidement que les faits sont graves. En raccrochant, elle reprend son souffle et m'explique d'une voix blanche que deux inspecteurs du travail viennent d'être pris à partie par un viticulteur à Saussignac. Il y aurait au moins un mort et l'auteur se serait retranché dans son exploitation et continuerait à tirer sur les gendarmes.

À notre arrivée sur les lieux, la situation est dramatique. Les deux inspecteurs du travail, Daniel Buffière et Sylvie Trémouille, sont décédés et le forcené, Claude Duviau, qui a retourné son arme contre lui vient d'être emmené par les pompiers vers l'hôpital de Bordeaux.

Sur place, les intervenants font preuve d'un grand professionnalisme mais je sens qu'ils sont tous profondément affectés au-delà de l'impact naturel d'un tel passage à l'acte. Je comprends progressivement que les deux victimes étaient connues de la plupart d'entre eux. Certains avaient noué avec eux des relations de proximité.

Mon adjointe est elle-même tellement éprouvée qu'elle n'a pas pu se rendre sur la scène de crime, au chevet des corps de ceux avec lesquels elle était en contact étroit et régulier au titre des actions conduites en matière de lutte contre le travail illégal.

Bien sûr, les médias sont présents et particulièrement demandeurs d'une intervention du parquet. Alors que j'évoque avec mon adjointe la question de la communication, cette dernière m'indique, au bord des larmes, ne pas être en capacité de l'assumer. De mon côté, n'étant pas encore officiellement nommé, il m'est impossible de m'exprimer, sous peine de mettre en péril la procédure. Nous nous isolons, je la rassure et lui prépare une courte intervention.

Cette affaire vient de me faire basculer dans un autre monde, celui de la réalité du terrain et des exigences du métier de procureur de la République. Me reviennent en mémoire les mots de mon premier procureur à Chartres lorsque je lui demandais le jour de son départ à la retraite : « Vous ne craignez pas de vous ennuyer ? » Sa réponse avait été sobre mais explicite : « Vous savez, depuis quatre ans, il n'y a pas un jour sans que je me demande ce qui va me tomber sur la tête. »

À l'époque jeune substitut, je n'avais pas compris cette phrase que j'avais mise sur le compte de la fatigue ou de l'humour. Ce jour-là, elle prenait tout son sens.

Un procureur de la République doit toujours se préparer au pire. Il vit avec une épée de Damoclès au-dessus de la tête, celle de l'événement majeur qui le propulsera dans l'action, le confrontera aux situations les plus douloureuses, y compris, potentiellement, à des faits impliquant des personnes qu'il connaît, et le mettra sous le feu des médias sans filet de sécurité.

Quoi qu'il arrive, il lui faut ne pas se laisser submerger par l'émotion, il faut assumer la confrontation aux pires scènes de crime, prendre seul les premières décisions dont certaines peuvent engager l'avenir et pourront lui être fortement reprochées après coup.

Ce sentiment de bascule m'étreindra à plusieurs reprises au cours de ma carrière à l'annonce de passages à l'acte particulièrement horribles : un infanticide à Angoulême en 2010, un féminicide en présence des enfants à Poitiers en 2014, un viol avec actes de torture et de barbarie à Rennes en 2018 ou encore les attentats terroristes de Lyon et Villeurbanne en mai et août 2019 ou le dramatique incendie de Vaulx-en-Velin ayant fait dix morts dont quatre enfants en décembre 2022.

Dans un premier temps, comme souvent lorsque le procureur ouvre une information judiciaire, elle m'occupera par intermittence lors de points effectués avec le juge d'instruction pour évoquer l'état d'avancement du dossier. L'affaire est judiciairement assez simple puisque l'auteur est identifié et interpellé. Il s'agit avant tout d'établir les circonstances exactes du passage à l'acte et de tenter d'en comprendre les motifs, essentiellement au travers d'une enquête de personnalité et d'expertises psychologique et psychiatrique. C'est le juge qui est alors en première ligne, en procédant aux interrogatoires, aux auditions des membres de la famille et à la reconstitution des faits.

Du côté du parquet, à cette époque, il n'est pas question de prendre une quelconque initiative, y compris en direction des victimes. Il est même de bon ton de conserver une distance, celle du représentant du ministère public qui n'est pas celui des victimes, mais de l'intérêt général.

*

Cette position que je fais mienne va se fragiliser le jour de la reconstitution à laquelle j'assiste. Curieusement, cet acte d'instruction va me marquer, peut-être tout autant que le jour de la commission des faits.

D'abord parce qu'il s'agit de ma première rencontre avec Claude Duviau dont je mesure la froideur et l'incapacité à assumer et expliquer l'horreur de son passage à l'acte. Et puis surtout par ma rencontre avec le mari d'une des victimes, Gilles Trémouille, qui, bien malgré lui, s'est érigé en porte-parole des parties civiles.

Je me remémore les obsèques, cet homme, son enfant de quatorze ans à ses côtés, la pression des médias… Nous échangeons au moment de la reconstitution, puis lors de la préparation du procès. Je suis face à un homme qui fait preuve d'un courage et d'une dignité exceptionnels, qui se bat pour son fils et l'honneur de son épouse, mais en particulier contre la version des faits qui circule, celle du geste désespéré d'un agriculteur persécuté par l'Inspection du travail. À plusieurs reprises, y compris médiatiquement, il manifeste sa confiance en l'institution judiciaire sans rien masquer de ses attentes d'une réponse ferme et non ambiguë.

L'audience se déroule à Périgueux, siège de la cour d'assises de la Dordogne, dans une ambiance lourde, en la présence quotidienne de plusieurs dizaines d'inspecteurs du travail. Vient le jour des réquisitions. Les cameramen et les photographes s'amassent sur les marches du palais.

Alors que je viens de me garer à proximité, je tombe nez à nez avec Gilles Tremouille. Ma première réaction est de m'éloigner pour éviter que l'on nous voie ensemble à quelques minutes de mes réquisitions. Mais ce dernier m'a immédiatement identifié et se dirige vers moi. Après m'avoir souri, il me fait part de sa reconnaissance pour la façon dont les débats se sont déroulés : « Quelle que soit la nature de vos réquisitions, je tenais à vous remercier pour votre humanité et votre gestion de cette affaire. » Claude Duviau sera condamné à trente ans de réclusion criminelle.

Alors que j'ai quitté le ressort de Bergerac pour le parquet d'Angoulême, Gilles Tremouille me propose quelques mois plus tard de boire un café. Nous échangerons ce jour-là sur nos vies, nos projets, ceux de nos fils respectifs, une simple conversation entre deux pères de famille.

Depuis cette rencontre, lorsque j'ai un coup de mou ou des interrogations sur le sens de mon action, il m'arrive de revoir le visage de Gilles Trémouille et de son fils. Ils me rappellent que mon combat au quotidien, et celui de mes équipes, consiste à tenter de répondre aux nombreuses attentes des victimes et de notre société en recherche d'apaisement, de réparation et de paix publique.

À vrai dire, ces fonctions de procureur de la République que je n'ai pas cessé d'occuper depuis lors, rien ne me destinait à les exercer. N'étant pas issu d'une famille de magistrats ni même de juristes, je n'avais aucune idée des perspectives que pouvait m'offrir l'institution judiciaire.

Mon projet d'adolescent était d'être commissaire de police, ou plus exactement – je ne faisais pas vraiment la différence à l'époque – inspecteur de police. Celui que j'admirais dans les séries policières, il était sur le terrain, courageux, impliqué, prêt à prendre tous les risques, entouré de collègues et amis soudés et motivés, à la recherche des malfaiteurs mais également soucieux de protéger les plus fragiles.

Ce n'est que dans le cadre de mes études de droit que j'ai découvert le fonctionnement et l'organisation judiciaires, notamment le rôle du juge d'instruction alors incarné par les magistrats italiens en lutte contre les mafias et chargé des dossiers criminels les plus lourds.

C'est dans cette perspective que je me suis présenté au concours de la magistrature en 1989. Lors de ma formation initiale en tant qu'auditeur de justice au sein du TGI de Versailles, j'ai rencontré plusieurs juges d'instruction, charismatiques et passionnés, proches des enquêteurs, qui me confortent dans mon projet.

Pour mon premier poste, je suis cependant conduit à choisir celui de substitut du procureur à Chartres. Il s'agit d'un bon compromis entre la proximité de la région parisienne, où se trouve ma famille, et des fonctions pénales qui, dans mon esprit, doivent me permettre de réaliser au plus vite mon projet.

*

Mon affection pour le ministère public me vient de cette première affectation. Mon procureur est un homme de soixante-trois ans dont la nomination en qualité de chef de parquet est l'aboutissement d'une belle carrière, en partie passée au poste de magistrat en outre-mer. Particulièrement urbain et cultivé, il me reçoit en ce début du mois de septembre 1992 avec beaucoup d'attention et de chaleur.

Ses premières paroles visent avant tout à me rassurer et à faciliter mon intégration au sein de son équipe. Il me présente rapidement l'organisation et le fonctionnement du parquet de Chartres et m'explique avoir décidé de me confier un service sensible, celui de « substitut chargé des mineurs ». Il insiste sur la confiance qui m'est ainsi faite et sur sa totale disponibilité pour m'accompagner et me conseiller. Ces propos ne sont pas sans flatter mon *ego* de jeune magistrat tout juste diplômé.

À la sortie du bureau du « proc », je suis attendu par le premier substitut : « Ça y est, il t'a vendu le service des affaires mineures ! » Hilare, il ne me cache pas que la tradition locale veut que le dernier arrivant récupère le suivi des mineurs, mais également le contentieux routier, ce que mon collègue plus ancien, responsable du noble contentieux des affaires économiques et financières, qualifie avec humour mais conviction d'« affaires mineures ». Il faut dire que le service des mineurs, qu'il s'agisse de délinquants ou d'enfants à protéger dans le cadre de l'assistance éducative, est la « patate chaude » que les magistrats du parquet de Chartres se repassent au fil des affectations.

Le ressort du tribunal de Chartres est confronté à une délinquance des mineurs assez marquée, notamment dans la ville de Dreux, et il faut bien reconnaître que tenter de mettre un terme à l'activité multiréitérante de ces jeunes est une mission assez désespérante. Par ailleurs, les affaires suivies au titre de la protection des mineurs, essentiellement marquées par les carences éducatives et la maltraitance, ne sont pas non plus des plus réjouissantes.

Et pour autant, en ce qui me concerne, cette affectation va se révéler passionnante et enrichissante, d'autant que les deux juges des enfants qui viennent d'être nommées sont issues de ma promotion et qu'une véritable collaboration va se mettre en place.

Mes premières semaines de fonctions sont marquées par plusieurs déplacements sur le terrain dans le cadre de la permanence pénale. Je requiers également pour la première fois aux assises en qualité d'avocat général. Je mesure la richesse et la diversité de mes fonctions au sein du ministère public.

Dans le même temps, je prends véritablement conscience du rôle social joué par le parquetier qui est tout à la fois garant des libertés individuelles dans le cadre de sa mission de contrôle et de direction de la police judiciaire, mais également le « premier juge » au titre de l'orientation des procédures.

À l'inverse du juge qui est tenu par le périmètre de sa saisine et auquel il est demandé de trancher un litige en matière civile ou d'investiguer sur des faits déterminés en matière pénale, le magistrat du parquet est investi d'une mission plus large de représentation des intérêts généraux de la société, ce qui lui confère une très grande autonomie et une réelle initiative.

Pendant ces trois années, j'éprouve un total épanouissement dans mes fonctions de substitut, rendu possible par la confiance que me donne mon procureur de la République et par l'autonomie que m'octroie la fonction, avec la possibilité de développer de nombreuses actions partenariales dans les différents domaines qui m'ont été confiés.

En parallèle, je décide de mettre en œuvre une politique de déferement des mineurs délinquants plus systématique pour les confronter rapidement à leurs responsabilités. Dans le même temps, je développe avec les services de la protection judiciaire de la jeunesse une nouvelle réponse : la mesure de réparation pénale. L'objectif est de faire prendre conscience aux mineurs de la portée de leurs actes par une mesure concrète et pédagogique telle que la rédaction d'une lettre d'excuses ou la réalisation d'un travail non rémunéré. Cette réponse ne s'inscrit pas dans le cadre classique d'une poursuite pénale mais de l'alternative aux poursuites que les parquets ont commencé à fortement développer dans les années 1990. Notre action porte ses fruits et nous avons ensemble le sentiment de progresser.

Ce sont ces premières années de fonctions, faites de permanences de jour comme de nuit, de déplacements sur le terrain, d'audiences correctionnelles ou de cours d'assises, de suivis des dossiers d'instruction mais également de relations nouées avec les services de l'État, les élus, le milieu associatif au titre des politiques publiques partenariales, qui vont me convaincre que j'ai trouvé ma voie.

*

En mars 1995, alors que je lui fais part de mon goût définitif pour le ministère public, mon procureur m'incite à rejoindre le ministère de la Justice et notamment la DACG. À cette époque, cette voie est considérée comme un passage favorisant une évolution vers les fonctions de chef de juridiction.

C'est dans cette perspective, et avec la ferme intention d'un retour rapide sur le terrain, que je rejoins cette direction et, plus précisément, le bureau de la justice pénale et des libertés individuelles où me sont notamment confiés la politique pénale concernant les mineurs et le suivi des affaires criminelles.

Dans mon parcours professionnel, cette période sera sans aucun doute la plus enrichissante et celle qui posera définitivement les bases de ma vision du ministère public. Elle déterminera mon positionnement futur en tant que procureur de la République, ouvert et accessible auprès de l'ensemble de mes interlocuteurs, afin de permettre à mon parquet de jouer pleinement son rôle dans la conduite des politiques publiques, mais ferme sur mes prérogatives dans l'exercice de l'action publique, autrement dit le traitement des affaires individuelles. C'est au sein de la DACG et au cœur du fonctionnement de l'État que je vais véritablement mesurer l'importance d'un « ministère public fort », composé de magistrats indépendants.

Jusque-là, les affaires que j'ai pu suivre sur le terrain n'étaient pas aussi sensibles donc susceptibles d'intéresser directement au plus haut niveau de l'État. C'est à la DACG, dans le suivi d'affaires signalées mettant en cause des personnalités ou suscitant un retentissement médiatique important, que je peux mesurer la tentation naturelle que peut avoir le pouvoir exécutif à peser sur l'institution judiciaire. Pas tant, comme on pourrait l'imaginer, pour protéger des « amis politiques », mais plus simplement pour faire en sorte que la réponse judiciaire contribue à apaiser le trouble à l'ordre public généré par tel ou tel événement, y compris des faits divers entraînant légitimement une forte émotion publique et médiatique.

Dans ce type d'affaire, le procureur de la République se trouve en première ligne. En sa qualité de magistrat, il lui appartient de savoir résister à toutes les pressions, directes ou indirectes, internes, externes ou médiatiques dont il peut faire l'objet, qu'il s'agisse d'ailleurs de classer une affaire qui gêne ou de poursuivre rapidement des individus interpellés pour répondre aux attentes de l'opinion.

En 2016, la suppression de toute instruction individuelle est venue définitivement clarifier la relation du procureur au ministère de la Justice. Pour autant, la question du statut et des modalités de nomination des procureurs qui demeurent entre les mains du garde des Sceaux continue à constituer une source de suspicion de dépendance de ces derniers, à laquelle il faudra bien un jour mettre un terme.

Ce passage par la chancellerie et la région parisienne que je n'ai envisagé que pour quelques années va durer beaucoup plus longtemps que je ne l'imaginais.

*

Au début de l'année 1997, un événement anodin s'avère déterminant. Par un heureux hasard, je croise une collègue de retour d'une réunion organisée par le ministère des Sports, consacrée à la problématique des violences lors des manifestations sportives. Elle m'explique avoir participé à un repas auquel étaient associés des footballeurs, parmi lesquels « un certain Basile Boli (*sic !*) » dont elle n'a manifestement jamais entendu parler : « Moi, tu sais, le foot, je n'y connais rien et puis ils me fatiguent, ils ne savent pas parler d'autres choses que de leurs exploits passés. »

Je comprends immédiatement les perspectives offertes par le suivi de ce domaine, et propose donc à ma collègue de reprendre ce dossier sans aucune contrepartie. Dans la foulée de notre accord, je m'empresse de contacter son interlocuteur du ministère des Sports en vue de l'informer de ma nomination et de ma disponibilité pour participer aux prochaines réunions qu'il pourrait vouloir lancer. Pour l'heure, mon projet est avant tout, lors d'une de nos prochaines rencontres, de croiser Basile Boli[1] ou tout autre sportif ayant enthousiasmé mon adolescence.

C'est ainsi que, dans les mois qui suivent, je me retrouve associé à de nombreuses réunions consacrées

---

1. Le 26 mai 1993, le défenseur Basile Boli marque d'un magistral coup de tête le but qui permet à l'OM de remporter la Ligue des champions contre le Milan AC. Pour la première fois un club français parvient au sommet du football européen.

au sujet du moment : le hooliganisme, qui empoisonne le football européen et prend de l'ampleur dans nos stades français.

Lors de l'une de ces rencontres, je suis abordé par le responsable du ministère de l'Intérieur chargé de la préparation de la Coupe du monde de football. Il me fait part de ses inquiétudes sur la gestion de cet événement majeur qui doit se dérouler en 1998 sur dix sites répartis sur l'ensemble du territoire national. L'enjeu est notre capacité à y répondre, tant sur le plan de l'ordre public que de la réponse judiciaire.

Le contact se noue facilement. Nous sentons tous deux que nous avons la même approche pragmatique des sujets qui engagent nos ministères, mais surtout que nous ne méconnaissons pas les forces et les faiblesses de nos « maisons respectives » et leurs difficultés à collaborer sur certains sujets, notamment la gestion des manifestations publiques.

Dans cette perspective, nous décidons de nous rendre ensemble sur les dix sites de l'événement pour rencontrer les acteurs locaux, les sensibiliser au risque hooligan et concevoir avec eux un dispositif intégré de sécurité et de police judiciaire.

Cette démarche va s'avérer payante. Dès le début de la manifestation, les hooligans européens sont présents et prêts à en découdre. La rapidité et la fermeté de la réponse judiciaire aux violences commises par les hooligans anglais le 16 juin 1998 à Marseille, puis cinq jours plus tard par leurs homologues allemands à Lens, vont finir par leur faire quitter le pays avant même les phases finales. Toutefois, ils auront malheureusement fait une victime grave aux abords du stade Bollaert en la personne du gendarme Nivel[1].

Paradoxalement, cette initiative de me rapprocher du terrain pour préparer le dispositif judiciaire de la Coupe du monde va en réalité m'en éloigner pour plusieurs années supplémentaires…

*

Dans la foulée de mon implication, le directeur des affaires criminelles et des grâces me propose de devenir l'un de ses plus proches collaborateurs en qualité de chef de cabinet. Ces fonctions qui se rapprochent plus de celles d'un secrétaire général ou d'un directeur des ressources humaines, je vais les exercer pendant près de trois ans auprès de trois directeurs successifs, puis, à compter de mars 2021, auprès du procureur général de Paris en qualité de secrétaire général et chargé de communication. Encore une fois, je vais apprendre énormément et ces années vont notamment forger mon expérience de manager.

Un second événement va contribuer à retarder mon retour sur le terrain : en mars 2003, je reçois un appel de Rémy Heitz, mon ancien chef de bureau à la DACG, qui a rejoint en 2002 le cabinet du Premier ministre en qualité de conseiller technique pour la justice. Sous le sceau

1. Le 21 juin 1998, le gendarme Daniel Nivel est violemment frappé à la tête par des hooligans allemands à l'issue d'un match au stade Bollaert qui oppose l'Allemagne à la Yougoslavie (« Lens : 20 ans après son agression le gendarme Nivel lourdement handicapé », France 3 avec AFP, 20 juin 2018).

de la confidentialité, il m'informe qu'il sera prochainement nommé en Conseil des ministres au poste de délégué interministériel à la sécurité routière. Il m'explique avoir été chargé de recruter son successeur et souhaite proposer mon nom. Je lui fais part de ma surprise en insistant sur ma méconnaissance du fonctionnement d'un cabinet ministériel qui ne me paraît pas me qualifier pour rejoindre celui de Matignon. Mon interlocuteur m'explique qu'il me connaît suffisamment pour savoir que je saurai m'adapter. Il me précise que l'essentiel de ma mission consistera à suivre des réformes législatives majeures pour l'institution judiciaire, notamment dans le domaine de la lutte contre la criminalité organisée. Comment refuser cette nouvelle expérience au plus haut niveau de l'État ?

Pour la première fois, je m'inscris dans une équipe composée non pas de magistrats mais de hauts fonctionnaires ou de jeunes conseillers issus du privé. Je mesure alors leur méconnaissance du fonctionnement de la justice, qui suscite le plus souvent de leur part de nombreuses interrogations ou incompréhensions, parfois même des critiques et des remises en cause d'une institution facilement stigmatisée comme étant « l'empêcheur de tourner en rond » ou « le maillon faible du fonctionnement de l'État ».

Cette période est à la fois passionnante et intense, marquée par des projets importants pour la justice, comme la création des juridictions interrégionales de lutte contre la criminalité organisée, la création du fichier judiciaire automatisé des auteurs d'infractions sexuelles (Fijais), l'implantation des radars automatiques, le développement de la justice pénale dite acceptée, la juridictionnalisation de l'application des peines…

Pour autant, j'ai bien conscience qu'elle est de nature à m'éloigner définitivement de mon projet initial et peut-être même de ma vocation de magistrat. En mars 2004, moins d'un an après mon arrivée, à l'occasion d'un repas associant ses plus jeunes conseillers, le directeur de cabinet du Premier ministre m'interroge sur mon avenir et me suggère de m'inscrire en politique ou de rejoindre le Conseil d'État.

Cette fois, je mesure qu'il est temps pour moi de reprendre mon destin en main. Conscient de la nécessité de retrouver de la crédibilité et de la légitimité de terrain, je décide de me porter officiellement candidat dans des « petits parquets » dits du groupe 4, à taille humaine.

Ce parcours, que le journaliste du quotidien *Sud-Ouest* n'hésitera pas à qualifier lors de ma prise de fonction à Bergerac de « sinueux et atypique », est en réalité déterminant de ma capacité à assumer pleinement mes fonctions de chef de parquet.

*

Aujourd'hui, un procureur de la République doit bien évidemment être au cœur de l'activité juridictionnelle mais il est également et peut-être surtout un chef d'équipe, un manager, un animateur, un communicant, un acteur des politiques publiques et partenariales. Dès les premiers mois, je mesure à quel point ma connaissance du fonctionnement de l'État, mon expérience de la gestion des relations humaines et des relations avec les médias me sont utiles.

Pour tout dire, il faut reconnaître qu'en Dordogne, le partenariat s'avère facile à mener avec des élus et des acteurs locaux particulièrement impliqués. Et puis, surtout, l'ensemble des magistrats et fonctionnaires qui composent la juridiction sont soudés et motivés, dans une ambiance quasi familiale.

Cette période riche en projets de toute nature me convainc de ne plus quitter le terrain juridictionnel. Après quatre ans d'exercice à Bergerac, je décide de m'inscrire dans une carrière de chef de parquet en sollicitant des postes de plus en plus importants, d'abord à Angoulême, parquet à compétence départementale, puis successivement à Poitiers, siège de cour d'appel, et à Rennes, où se trouve implantée une Jirs, et enfin à Lyon, troisième juridiction de France.

À chacune de ces affectations, j'éprouve toujours le même enthousiasme. La satisfaction de rejoindre de nouvelles équipes et de m'investir dans de nouvelles aventures territoriales et partenariales au cœur des attentes des habitants. Pourtant au fond de moi, au fil des années, je sens bien qu'il est de plus en plus difficile de répondre à l'ensemble des attentes qui pèsent sur le parquet. Elles vont de la délinquance du quotidien à la criminalité organisée en passant par la délinquance économique et financière.

Dans les grandes métropoles, ces attentes sont amplifiées. Dans chacune des zones, notamment dans les quartiers de reconquête républicaine, les problématiques d'insécurité et de délinquance sont multiples.

Elles portent en particulier sur les points de deal qui gangrènent les territoires mais aussi sur les questions de tranquillité publique. Dans le même temps, les parquets se trouvent confrontés au raz-de-marée des contentieux de masse au premier rang desquels les violences intrafamiliales et les délits routiers. La santé publique, l'environnement, la lutte contre la corruption et les fraudes, la prévention de la délinquance sont également des enjeux majeurs auxquels ils ne peuvent pas échapper. Comment hiérarchiser toutes ces priorités qui sont naturellement relayées par le ministère de la Justice et que chaque procureur a la charge de satisfaire sur le terrain ?

Les procureurs et leurs équipes se retrouvent comme des « hamsters dans leur roue », mis en demeure de trouver des réponses à tous les maux de la société sans moyens adaptés et avec des capacités juridictionnelles limitées. Dans le tourbillon du traitement en temps réel, les parquetiers finissent par perdre le sens de leur action et peinent à trouver un équilibre entre vie familiale et professionnelle. Comment pourrait-il en être autrement alors qu'il leur est demandé de rendre des décisions à la chaîne et d'assumer des permanences de nuit et de week-end sans récupération ?

Je garde encore le souvenir d'un collègue qui pénètre dans mon bureau, les larmes aux yeux. Il est au bord du *burn-out*, son médecin lui a conseillé de s'arrêter mais il s'y est refusé en invoquant ses engagements auprès de moi et de ses collègues. Ce jour-là, je lui impose de lever le pied et mesure que ma responsabilité est aussi de protéger mon équipe, parfois contre elle-même, au risque de me rendre complice d'une forme de maltraitance institutionnelle.

D'un point de vue plus personnel, je ressens aussi cette pression du quotidien mais j'ai la chance de bénéficier du soutien sans faille de mon épouse. De leur côté, mes enfants font preuve d'une capacité d'adaptation qui force mon admiration. Un procureur de la République ne peut suivre ce parcours harassant sans un équilibre familial et personnel à toute épreuve.

*

Au-delà de la question des moyens s'impose à moi le sentiment que l'institution judiciaire rate le virage de la modernité. En 2008, je rejoins le parquet d'Angoulême avec d'autant plus d'enthousiasme que la juridiction est considérée comme pilote au titre des projets informatiques. C'est ainsi qu'elle expérimente depuis le début de l'année une nouvelle application, Cassiopée, censée remplacer les nombreux logiciels obsolètes de la chaîne pénale et produisant, cerise sur le gâteau, des statistiques territorialisées.

À mon arrivée en septembre, l'ensemble des fonctionnaires du parquet est vent debout contre Cassiopée, déplorant les rigidités et les dysfonctionnements du système au point de vouloir renoncer à l'utiliser. Je passe donc trois mois à harceler chaque semaine les responsables du dispositif pour qu'ils réagissent. Le ministère pose des rustines sur les failles béantes, et Cassiopée finit par être généralisée. Aujourd'hui encore les juridictions déplorent que ce logiciel soit le principal handicap dans la mise en place des réformes pénales, en raison notamment de sa rigidité et de son incompatibilité avec les applications du ministère de l'Intérieur.

*

Sur le terrain, les lois s'enchaînent sans accompagnement, avec des décrets publiés quelques jours seulement avant l'entrée en vigueur des réformes. Pas d'outil informatique adapté, pas d'accompagnement ni d'étude d'impact sérieuse pour permettre leur application, telle est la règle. L'intendance suivra.

Ma nomination, en 2009, comme expert à la Commission européenne pour l'efficacité de la justice[1] achève de me convaincre de la singularité et de la gravité de la situation française. Je prends connaissance, avant qu'ils ne soient diffusés largement dans l'Hexagone, des premiers rapports rédigés par cette instance sur les moyens comparés attribués aux justices européennes. À cette époque, la France est 37e sur 43 après la Géorgie, la Turquie ou encore Chypre. Elle dispose de quatre fois moins de magistrats du parquet alors que notre ministère public a les attributions les plus élargies.

Un choc… mais le plus grave n'est pas là ! Au cours de mes échanges avec certains homologues européens, je prends brusquement conscience que la France, pays des droits de l'homme, a pris un retard considérable dans bien des domaines. Dès 2008, la Turquie dématérialise les procédures, l'Italie généralise la signature

1. La Cepej est une instance créée en 2002 au sein du Conseil de l'Europe.

électronique, d'autres États comme l'Espagne sont très en avance sur l'accueil des victimes.

Alors que nos tribunaux français sont inscrits dans une logique de gestion à la chaîne, connaissent des délais de traitement des procédures proches du déni de justice et peinent à assumer la bonne exécution de leurs décisions, l'Europe est entrée dans une démarche d'évaluation de la qualité des jugements rendus. C'est à cette époque que la Cepej finalise un questionnaire dit « de satisfaction des usagers de la justice » permettant à chaque juridiction de mesurer l'efficience et l'impact de son action. En France, seuls quelques tribunaux et cours d'appel prendront le risque de s'emparer de cet outil tant nous peinons à respecter les standards européens d'une institution judiciaire proche et rapide.

C'est à cette période que je décide de rejoindre la Conférence nationale des procureurs de la République (CNPR). Le 7 novembre 2011, une dizaine de procureurs décident d'organiser une conférence de presse à Paris pour revendiquer une adaptation des moyens, une pause législative et une réforme de notre statut afin de tenter de mettre un terme à cette suspicion de dépendance à laquelle nous sommes constamment renvoyés du fait des modalités de notre nomination.

À la suite de cette action, qui sera fortement relayée par les médias, la CNPR, dont je vais assumer la vice-présidence de 2016 à 2019, s'impose peu à peu comme un interlocuteur incontournable du ministère de la Justice, sans parvenir véritablement à faire bouger les lignes. De jeunes procureurs prennent le relais et s'investissent tout aussi fortement. Mais plus de dix ans après, le constat et les revendications sont toujours les mêmes.

Cette situation aggravée par la crise sanitaire en 2020, l'entrée en vigueur de réformes législatives d'ampleur et l'impact d'un engagement sans précédent sur les violences intrafamiliales conduit au sein de l'institution à un malaise profond que traduit la parution en décembre 2021 d'une tribune signée par plus de 3 000 magistrats dénonçant une justice « du chiffre », « qui n'écoute pas » et « qui chronomètre tout ». Cette fois, la coupe est pleine et elle est en passe de déborder.

Ce cri d'alarme semble avoir été entendu. À la suite des états généraux de la justice, l'augmentation du budget du ministère et le plan annoncé par le gouvernement en février 2023 sont sans précédent.

Ces moyens – lorsqu'ils seront enfin arrivés au sein de nos juridictions – contribueront, à n'en pas douter, à accélérer les procédures, résorber nos stocks, sécuriser nos procédés, favoriser l'exécution des peines, mieux accompagner les victimes et assurer une véritable prise en charge des auteurs. Ils devraient également permettre à l'institution judiciaire de franchir enfin le pas du numérique et de bénéficier à plein de l'impact de la dématérialisation des procédures.

Mais, ne nous y trompons pas, si ces moyens contribueront à améliorer le fonctionnement de l'institution judiciaire, ils ne suffiront pas à eux seuls à « redonner du sens » et à « réparer » le lien entre les justiciables français et leur justice.

La question du sens est en réalité au cœur de la tribune des 3 000[1], posée par des magistrats, notamment les plus jeunes, refusant de s'inscrire dans un traitement déshumanisé des dossiers alors que chacun d'entre eux porte sur l'affaire d'une vie et impose du temps, de l'écoute et de la réflexion. Cette qualité de la justice, nous devons la retrouver et la placer au centre de nos réflexions.

Pour autant, je crains que cela ne suffise pas. Notre pays souffre aujourd'hui d'une crise de confiance majeure dans les institutions et singulièrement dans l'institution judiciaire ainsi qu'en atteste récemment le sondage commandé par le Sénat, ayant révélé que 53 % des Français n'ont pas confiance dans leur justice. Aujourd'hui, restaurer l'écoute, c'est bien, mais donner la parole, c'est mieux. Dans cet esprit, nous avons décidé à Lyon de placer le justiciable au cœur de sa justice en mettant en œuvre le questionnaire Cepej et en créant un comité des usagers sur le modèle du milieu hospitalier.

Nous devons accepter de nous placer dans le miroir du justiciable, d'évaluer nos fonctionnements, de nous inscrire dans des actions de proximité et nous assurer qu'elles répondent véritablement aux attentes prioritaires des habitants.

C'est à ce prix que nous redonnerons du sens et de la crédibilité à notre action, que nous parviendrons à restaurer la confiance de nos concitoyens en une justice qui apaise la société.

---

1. Le 23 novembre 2021, *Le Monde* publie une tribune rédigée par un collectif de juges, substituts et greffiers qui souligne la « discordance » entre la volonté de rendre une justice de qualité et la réalité du quotidien.

Christophe Raffin : « Je me suis rendu plusieurs fois chez les parents de la victime »

Procureur sur le terrain, âpre à la tâche, l'actuel avocat général de la cour d'appel d'Aix-en-Provence chargé du crime organisé marseillais se souvient de l'assassinat de la joggeuse Marie-Jeanne Meyer à Tournon-sur-Rhône.

Fils d'un officier de gendarmerie et d'une institutrice, j'ai grandi au gré des affectations parentales, entre casernes et logements de fonction. Au fil de mes études mûrit l'idée que l'investigation est, certes, un métier attirant, mais qu'il est préférable de prendre la posture de celui qui dirige les enquêtes, du décideur judiciaire… Après un premier échec, je réussis le concours de la magistrature en 1988. Le parquet de Briey, en Lorraine, sera ma première affectation.

Cette petite juridiction est à l'époque composée d'un procureur et de deux substituts. Même si je n'y resterai que deux ans, l'expérience sera riche en événements et en enseignements : je serai notamment présent lorsque le serial killer Vincenzo Aiutino frappera.

Né en Suisse mais de nationalité française, ce très jeune homme sévit à l'époque dans le secteur de Longwy où il massacre trois femmes à coups de barre de fer entre 1991 et 1992[1]. Les victimes sont des infirmières ou des personnes qu'il croise sur un parking. Aiutino joue beaucoup avec les frontières pour brouiller les cartes, Longwy étant limitrophe de la Belgique. Il paraît insaisissable. Je me souviens d'avoir ordonné de vider un bassin de décantation dans le cadre de l'une de ces enquêtes pour retrouver un corps. J'ai encore en mémoire des reproches : « Il y a des choses qui ne se font pas. » Il s'agit je pense de la première expression d'un concept qui m'a toujours animé : effectuer tout ce qui est utile pour faire avancer une piste ou la refermer.

*

En septembre 1992, j'arrive à Chambéry, en Savoie, comme substitut placé en délégation successivement à Annecy puis à Thonon-les-Bains, juridiction où j'ai connu deux affaires notables et sensibles. En décembre 1993, j'ai tenu le poste du ministère public aux assises dans le procès contre Gilles de Vallière, accusé d'avoir agressé et violé plusieurs fillettes et jeunes filles, et d'avoir tué l'une d'entre elles. Confondu par la police savoyarde, il est surnommé par certains

---

1. Surnommé l'« homme aux cinquante affaires », Vincenzo Aiutino, âgé de vingt et un ans, est le plus jeune tueur en série de France. Il est condamné en 1998 à la réclusion criminelle à perpétuité pour les meurtres de Longwy (« Chroniques criminelles : enquête sur le cas Aiutino », *Le Républicain lorrain*, 17 décembre 2018).

journalistes « le monstre d'Annemasse » ou « l'assassin aux cordelettes » – d'après sa manière d'entraver ses victimes. Il est condamné le 9 décembre 1993 à la prison à perpétuité assortie d'une peine de sûreté de trente ans, rabaissée par la suite à vingt-deux.

Je reprends plus tard une affaire ouverte à l'été 1993 : celle de Michel Sydor, un légionnaire qui a notamment enlevé et tué une jeune fille. Trente après, j'ai encore le souvenir du contexte houleux dans lequel la reconstitution a été organisée par le magistrat instructeur : la voiture de l'avocat du mis en examen a notamment été dégradée par un comité de soutien.

En septembre 1994, le parquet de Chambéry m'accueille parce qu'un procureur, que je ne connais pas, me demande dans son équipe. J'occupe le poste durant huit ans et ma complicité avec ce grand magistrat, pour lequel j'ai le plus profond respect et qui est mon mentor, me permet de m'approcher au plus près de dossiers sensibles.

Je suis à l'écoute permanente des enquêteurs qui apprécient ce traitement en temps réel des procédures. Ils me contactent fréquemment, d'autant que j'ai « carte blanche » de la part de mon procureur pour me déplacer sur le terrain lors des événements ou pour l'exécution d'actes judiciaires qui le justifient, mais aussi pour d'autres, moins « courus ».

Ainsi, j'assiste pendant plusieurs années à de nombreuses autopsies, soit à six heures du matin, soit à vingt heures le soir, les praticiens légistes étant également des généralistes, ou des pédiatres. Il me semble important de toujours mieux cerner le corps humain pour comprendre entre autres la trajectoire d'une balle qui, par exemple, a pu être déviée en touchant un os. Tout aussi parlantes, des traces de strangulation traduisent physiquement les effets d'un étranglement. Les légistes apprécient la présence de l'autorité judiciaire destinée à les guider dans leurs explorations.

J'estime également utile de me rendre sur les scènes de crime, même si ce sont des moments très difficiles. Je garde en mémoire certaines situations. Aujourd'hui, trop de magistrats du parquet restent dans leur bureau, alors que les enquêteurs sollicitent souvent les parquetiers sur place.

Je me souviens d'un pont du 1er mai où j'étais de permanence. Je me tourne vers mon épouse : « Peux-tu s'il te plaît emmener seule les enfants chez les grands-parents ? » Ce week-end-là, allez savoir pourquoi, je ne le sentais pas. En trois jours, huit morts me tombent dessus : deux crimes, des accidents de la route, des cas de décès suspects, et le fils du président d'une chambre correctionnelle qui se pend. Ces moments sont humainement compliqués, en particulier quand on doit annoncer à son collègue la mort de son fils.

Le parquet de Chambéry présente la particularité d'être militaire. Dans une stratégie de réactivité, dès qu'une cordée de militaires français – des chasseurs alpins ou étrangers – dévisse dans la montagne, le procureur ou moi-même, nous nous faisons héliporter sur la zone, accompagnés d'un greffier militaire afin de glaner des informations susceptibles d'alimenter les dossiers. J'ai le souvenir de la mise en cause d'officiers, notamment de météo, poursuivis et condamnés en correctionnelle pour leur responsabilité dans le décès de militaires dans des avalanches.

Un parquet de la taille de celui de Chambéry ouvre la voie à des actions diversifiées dans des domaines variés, comme les affaires de viols et de violences intrafamiliales. Nous avons été l'une des premières juridictions en France à « importer » et mettre en œuvre le système Mélanie[1], et à utiliser la vidéo pour enregistrer des témoignages de mineurs violés. Dans certains cas, ces enregistrements ont été diffusés à l'audience. C'est saisissant, souvent dérangeant, mais toujours instructif sur les innovations à développer.

*

En septembre 2005, je suis nommé procureur de la République au tribunal judiciaire de Privas, la plus petite préfecture de France avec ses 8 000 habitants, poste que j'occupe durant sept ans. L'enjeu est de faire le maximum les premiers temps des enquêtes, car si une affaire criminelle ne se « gagne » pas forcément dans les premières heures, elle peut se « perdre ». Un aspect

1. L'audition Mélanie, du nom de la première petite fille à en avoir bénéficié, est une procédure adaptée pour permettre l'audition de mineurs. La victime est auditionnée dans une salle dédiée au décor de chambre d'enfant, avec des jouets dont des poupées et des puzzles anatomiques, afin que les enfants puissent nommer les parties du corps. La salle est équipée de caméras et de micros qui filment l'audition et enregistrent les propos de l'enfant. Un pédopsychiatre peut au besoin occuper une salle de contrôle pour surveiller et interpréter le comportement du témoin. Les enquêteurs reçoivent une formation spécifique pour ne pas influencer les propos de l'auditionné.

important de la fonction de procureur dans une petite juridiction est la prise de la permanence pénale, avec ses montées d'adrénaline qui conduisent sur le terrain, ce qui signifie des centaines de kilomètres de déplacements sur des routes tortueuses. Le surnom de l'Ardèche – Corse intérieure – n'est pas usurpé. Son image rurale et bucolique cache une réalité délinquantielle. Le Nord est fortement impacté par la délinquance venue de Lyon ou Saint-Étienne, et, au Sud, d'origine vauclusienne ou gardoise. Le département sert ainsi de base de repli à la « pègre » nîmoise.

Plusieurs affaires me reviennent. La plus emblématique, celle du meurtre, en 2011, à Tournon-sur-Rhône de Marie-Jeanne Meyer, survenu dans une période où les disparitions de joggeuses se multiplient. Me voilà trois jours durant sur le terrain, avec les enquêteurs et de haut gradés de la gendarmerie descendus de Paris, conscients du caractère sensible de l'affaire.

Je me suis rendu à plusieurs reprises chez les parents de la victime. J'estime que l'annonce des mauvaises nouvelles, l'une des servitudes de la fonction de procureur, incombe au responsable des investigations. J'ai inconsciemment acquis ce sentiment auprès de mon père qui devait lui-même s'en acquitter en tant que commandant de compagnie de gendarmerie. Dans les investigations concernant Marie-Jeanne Meyer, un élément s'avère décisif : un témoin indique avoir repéré le jour de la disparition un feu sur un promontoire rocheux. Convaincu que nous allons retrouver le corps, je suis héliporté sur place avec les enquêteurs et, plus tard, le médecin légiste. Nous tombons rapidement sur un trou de chasseur pour découvrir l'horreur : le corps démembré sommairement dissimulé sous de la terre et des pierres. Nous parvenons à l'identifier grâce à certains éléments matériels recueillis sur place, notamment des lambeaux de vêtements et des effets personnels.

Au fil des investigations, et grâce à mes relations avec les experts, des prélèvements ADN sont rapidement analysés. Celui d'Anthony Draoui est identifié sur les lieux. Le hasard a voulu qu'il soit auditionné dans une autre affaire sans rapport avec ce crime, ce qui a permis de le confondre. Libéré, il tente de passer en Espagne d'où il est refoulé avant d'être interpellé. Il sera condamné aux assises[1], puis rejugé en appel devant la cour d'assises du Gard. À ce moment-là, j'occupe un poste au parquet général de Nîmes en tant que substitut général et je me vois confier le dossier. En première instance, l'accusé prend trente ans. En appel, je fais relever la récidive légale. Draoui est condamné à la perpétuité assortie d'une peine de sûreté de vingt-deux ans. Le surnom Recidivator dont certains m'affublent et que je ne renie pas n'est pas galvaudé[2].

J'ai également géré plusieurs affaires d'homicides d'infirmières, profession à laquelle je suis particulièrement

1. Anthony Draoui est condamné en octobre 2014 par la cour d'assises de l'Ardèche pour le viol et le meurtre de Marie-Jeanne Meyer, dix-sept ans, disparue au cours d'un jogging en juin 2011. Il est de nouveau jugé en appel et condamné par la cour d'assises du Gard en février 2016 (« La perpétuité contre le tueur de la jeune Marie-Jeanne Meyer », *Le Parisien*, 4 février 2016).

2. À mettre en relation avec Acquitator, surnom de l'actuel garde des Sceaux Éric Dupond-Moretti qui, lorsqu'il était avocat, multipliait les acquittements.

sensible, estimant qu'elle est très vulnérable… et pourtant l'une de mes filles exerce en tant que telle. Deux crimes se sont déroulés à Aubenas. Dans la plus récente des affaires, survenue quelques jours avant une nouvelle mutation, l'une des victimes a été embarquée par le propriétaire d'un camping-car qui l'a violée et tuée.

L'Ardèche recèle bien des affaires atypiques, comme ce plongeur de renommée internationale qui a remonté une rivière souterraine, mais ne parvient pas à revenir, faute d'oxygène. Les recherches nous mènent du côté de Vallon-Pont-d'Arc où nous envisageons de creuser un puits/tunnel à l'aplomb du cours d'eau pour rejoindre le site. Mais le projet est abandonné, il coûte une fortune. Finalement, un autre plongeur refait le parcours et trouve le corps coincé dans un boyau. Il ne pourra le ramener à la surface. Le sauveteur emporte alors sa montre de plongée comme preuve d'identité. La famille nous remercie. Plusieurs hypothèses seront retenues dans ce drame, dont celle d'une bouteille d'oxygène défectueuse.

Le secteur est aussi un rendez-vous de soixante-huitards attardés friands de thérapies par les plantes. À l'été 2006 à La Voulte-sur-Rhône, lors d'un séminaire dont les pratiquants devaient ingurgiter de l'Iboga, une plante médicinale, survient un décès. Outre la procédure pénale qui suit son cours, la Miviludes[1] s'empare du dossier et la plante est classée dangereuse. Comme tout ressort judiciaire, celui de Privas ne fait pas

1. Mission interministérielle de vigilance et de lutte contre les dérives sectaires.

exception à la règle : il abrite toutes sortes de gens bizarres ou des rompus aux procédures. J'ai souvenir d'un Anglais habitué du tribunal qui éditait un petit journal très diffamatoire…

*

Mais la fonction de procureur n'est pas constituée uniquement du traitement des affaires pénales qui accaparent son temps ou son énergie. Certains soucis peuvent venir de l'intérieur de la juridiction. J'ai deux éléments de réflexion.

Le premier résulte de la dyarchie de gestion d'une juridiction, et, à ce titre, il me faut aborder les relations du procureur avec le président du tribunal. Elles peuvent être harmonieuses dans l'intérêt du fonctionnement de la juridiction. Mais elles peuvent être plus conflictuelles. Lors de mon passage au tribunal de Privas, j'ai connu trois présidents, mais avec l'un d'entre eux mes rapports étaient houleux. Au palais, certains personnels ou concourant à l'œuvre de justice (éducateurs, avocats…) prenaient parti pour le procureur, d'autres, pour le président. Cette situation a bloqué une partie du fonctionnement de la juridiction alors qu'avec ce président, chacun dans notre domaine (pénal ou civil), nous œuvrions à l'innovation, notamment avec le projet, puis la création de la dématérialisation des procédures. Ce dernier a fini par quitter son poste. J'ai entretenu par la suite d'excellents rapports avec son successeur, et l'institution a retrouvé un mode de gestion sans entrave.

Mon second exemple est celui de la gestion de dossiers embarrassants concernant des fonctionnaires, comme cette greffière qui, en 2010, a volé dans les scellés, une situation très sensible pour un chef de juridiction. L'enquête révèle qu'elle a raturé des actes, puis reconstitué des scellés pour détourner une somme importante. Une information judiciaire est ouverte. La greffière explique, penaude, qu'elle voulait donner de l'argent à son fils pour lui permettre d'ouvrir un garage automobile… J'ai fort heureusement établi des notes de service, notamment sur la gestion des scellés et de l'argent liquide. Une inspection s'ensuit, et on me passe sur le gril pendant plusieurs heures. L'occasion pour certains collègues bien intentionnés de me « charger » sur ma façon de gérer, me reprochant notamment ma trop grande proximité avec certains fonctionnaires.

L'un des aspects de la fonction de procureur de la République, encore plus dans un petit département où il n'y a qu'une seule juridiction, est qu'il est l'interlocuteur des responsables : commandant de groupement de la gendarmerie nationale, directeur départemental de la sécurité publique qui sont les responsables des services d'enquêtes généralistes, mais aussi préfet, président du conseil général. Parfois les soucis ou interférences proviennent de l'extérieur.

Pendant mes sept années à Privas, je côtoie plusieurs préfets, dont l'un me cause quelques irritations en interférant dans la politique pénale de mon parquet, notamment sur un sujet sensible : celui des étrangers. J'ai mon sentiment de citoyen sur la question, mais en tant que procureur, j'applique une politique pénale strictement prévue par les circulaires. Le préfet s'immisce dans mon travail, procède à des interpellations alors que le délit de séjour irrégulier est abrogé. Son attitude me contraint à remettre ces personnes en liberté, ce qu'il dénoncera auprès de mon procureur général qui me soutiendra, et je l'en remercie.

D'autres partenaires sont assez particuliers : je pense aux avocats au nombre de cinquante au barreau de Privas. Un événement incroyable survient un jour : l'un d'eux rédige un faux jugement civil pour obtenir une décision en faveur de ses clients… Durant l'audience, le greffier tique à la vue du document qui comporte des anomalies grossières, ce qui provoque l'ouverture d'une procédure pénale pour faux en écritures. L'avocat sera sanctionné par une interdiction d'exercer durant de longues années. Son cabinet était un peu maudit : un associé ancien bâtonnier est mort dans un accident mortel de la circulation dans la Drôme, dans des circonstances peu claires, un autre est décédé d'un cancer, et, enfin, une avocate collaboratrice du cabinet y a détourné de l'argent.

*

En Ardèche, la préservation de l'environnement nous préoccupe beaucoup, d'où des réunions régulières avec le préfet. Nous gérons de nombreux décès de touristes liés à l'eau, notamment aux descentes en canoë de l'Arc. Sans oublier la sécurité autour du Rallye de Monte-Carlo, les fréquents accidents dans les sites touristiques et tant d'autres événements parfois tragiques.

Notre politique pénale doit tenir compte des relations avec l'extérieur, les maires, le président du conseil général, les élus. Il s'agit d'un des aspects méconnus de la fonction de procureur qui se montre fort chronophage. Un petit tribunal comme Privas, qui était classé 80e tribunal de France, a des contraintes identiques à celles des grandes juridictions, notamment la rédaction d'un rapport annuel de politique pénale ou d'autres rapports thématiques qui demandent du temps. Je souffre d'un manque d'adjoints suffisamment expérimentés pour me remplacer dans ces tâches que je dois assumer seul.

Un autre des aspects de la fonction de procureur telle que je la conçois est qu'on ne peut renvoyer tout le monde devant le tribunal. Il est impératif de mettre en œuvre des alternatives aux poursuites, plutôt que d'infliger un simple avertissement ou rappel à la loi. Un exemple : nous devons sévir en Ardèche en matière d'accidents de moto, trop fréquents notamment dans les gorges, ce qui nous conduit à imaginer des politiques pénales répressives et alternatives avec des initiatives de prévention. Dans la même optique, je suis l'un des premiers en France à instaurer des stages alternatifs ou de citoyenneté dans divers domaines : infractions à la chasse, atteintes à l'environnement, fraudes mineures diverses, prise en charge psychologique en matière de violences intra-familiales…

L'Ardèche est aussi un terrain de jeu privilégié du grand banditisme, des jeux souvent macabres que l'on partage avec le département voisin de la Drôme, ce qui m'oblige à travailler en osmose avec mon homologue. Heureusement que les services régionaux d'enquêtes (police nationale ou gendarmerie nationale) couvrent les deux départements, cela concourt grandement à la résolution d'affaires. Je me souviens d'un biker surnommé la Pie qui cherchait sans succès à s'affilier au groupe français des fameux Hell's Angels[1]. Lui-même et des personnes de son équipe ont été retrouvés morts en Ardèche. L'effort conjoint des enquêteurs des deux ressorts a permis de confondre un certain Honoré Zanchi, proche du milieu.

Des équipes viennent du Nord, de Grenoble, et d'autres du Sud, de Nîmes ou d'Avignon, pour organiser des « barbecues[2] » dans notre secteur. Il m'arrive souvent de me rendre sur le terrain pour soulever les bâches afin d'examiner des cadavres calcinés criblés de balles. Le rôle du procureur consiste aussi à gérer la presse dans ces affaires délicates.

Lorsque les auteurs sont identifiés et appréhendés quelques heures seulement après les faits, je choisis d'organiser non pas une reconstitution – qui relève de la compétence du juge d'instruction – mais un retour sur les lieux pour que l'auteur procède à une mise en situation. Cela permet de constater si les déclarations du suspect sont compatibles avec la scène de crime.

---

1. Jean-François André, dit la Pie, leader d'un groupe de motards, est assassiné en 2003 près de sa ferme d'Anneyron dans la Drôme, achevé d'une balle dans la tête. Deux des commanditaires présumés, Michel Di Bacco et Gérard Crouzet, sont à leur tour éliminés en 2008 à Arras, en Ardèche. Le corps d'une quatrième victime est découvert en Ardèche alors qu'elle a disparu en mars 2009 dans la Drôme.

2. Cette technique généralisée par le truand marseillais Farid Berrahma, dit Farid le Rôtisseur, consiste à abattre ses victimes, puis à brûler leur cadavre dans leur véhicule pour effacer toute trace exploitable par la police scientifique et retarder l'identification.

J'estime également que le magistrat du ministère public doit constamment s'investir dans ses missions, en n'hésitant pas à participer aux perquisitions au petit matin aux côtés des enquêteurs. La fonction numéro un du procureur est de résoudre les affaires, d'identifier les auteurs. J'ai déployé à Privas un modèle développé quand j'étais substitut à Chambéry, où l'on m'avait surnommé le « tueur de l'instruction ». Face à des magistrats instructeurs dont je trouvais que la plus-value dans les enquêtes était peu probante, ou qui ne s'investissaient pas assez dans leur mission, ou qui étaient phagocytés par des contraintes juridiques auxquelles le parquet est moins soumis, s'était peu à peu opéré un transfert des compétences de gestion des enquêtes pénales de l'instruction vers le parquet, ce qui impliquait de se rapprocher de l'événement. De nos jours, les dossiers d'instruction jugés en correctionnelle représentent à peine 1 % du contentieux global. Ils couvrent généralement les dossiers les plus lourds, les plus emblématiques, ou criminels, parce que la loi l'impose.

Que m'a-t-on demandé durant mes sept années de procureur de la République ? D'une part d'augmenter le taux de réponses pénales, d'autre part de réduire les classements sans suite « poursuites inopportunes » sur les petites affaires. Enfin, d'innover sur les modalités de réponse pénale. Durant cette période je travaille avec peu de moyens, ce qui allonge considérablement mes journées de travail : quinze à dix-huit heures !

Le parquet général de Nîmes me permet de souffler après ces années de braise à Privas. Mon travail de substitut général me conduit à la chambre de l'instruction dans des dossiers marqués par l'emprise d'un milieu local particulièrement puissant, et aux assises. J'y vis un événement incroyable : un collègue magistrat subtilise une somme d'argent dans mon portefeuille. Ce magistrat, peut-être fragile psychologiquement, sera confondu par un témoignage et les vidéos de caméras de surveillance. À la suite de ces faits, le « voleur » sera invité à prendre sa retraite anticipée.

*

Je poursuis depuis 2016 des fonctions d'avocat général à la cour d'appel d'Aix-en-Provence. L'année suivante, j'intègre le service criminel, où l'on me confie des dossiers de règlements de comptes dans la région marseillaise, devenue au fil des ans l'un des sites les plus criminogènes d'Europe. Ce travail me conduit à affiner ma connaissance des groupes, des réseaux, des antagonismes entre diverses équipes, ce qui me permet d'informer au mieux la cour et le jury pour leur éviter de se laisser déstabiliser par la défense.

Toutes ces affaires prospèrent sur fond de trafic de stups. Certains points de deal rapportent 2 000 euros par jour, d'autres grimpent à 100 000 dans certaines cités comme La Castellane, ce qui nourrit une économie souterraine. Il faut payer les petites mains, les guetteurs, les revendeurs, les nourrices, les équipes de surveillance et celles qui sont chargées d'observer ou d'attaquer à la kalachnikov les équipes adverses.

Chaque dossier est spécifique avec de sanglants matchs aller-retour qui s'éternisent. Récupérer des dossiers quatre ou cinq ans après n'est pas simple, on arrive après la guerre, mais cela permet d'avoir aussi du recul. Comme dans le *Lucky Luke* sorti deux années avant ma naissance, mais inspiré de faits réels, *Les Rivaux de Painful Gulch*, où s'opposent les O'Hara et les O'Timmins, en conflit depuis tellement longtemps qu'ils n'en connaissent plus les causes…

Après six ans de section criminelle, dont presque deux comme responsable, j'ai acquis une connaissance fiable des réseaux, même si j'étais plus éloigné du terrain qu'à Privas ou Chambéry. À l'audience, je mets à profit mon expérience de représentant du ministère public, ce que j'ai appris sur les scènes de crime, dans les labos d'autopsie… En dépit de mon grand intérêt pour le poste que j'occupe actuellement, d'autant que les années à venir sont ou seront chargées d'affaires de règlements de comptes marseillais ou corses, j'avoue que l'envie m'anime aujourd'hui de retrouver à nouveau le poste de procureur de la République.

Je reviendrai brièvement sur la question de notre statut. Je constate simplement que des collègues subissent des sanctions dont l'origine m'interpelle… Aligner notre statut sur celui de nos collègues du siège nous permettrait de bénéficier des mêmes protections. Je comprends en outre qu'une logique de politique pénale nationale s'impose. Il convient de juger de la même manière à Brest ou à Privas, ce qui induit une certaine harmonisation.

Si on prend du recul, on se dit que l'Europe abrite deux grands systèmes, inquisitoire et accusatoire. Notre système inquisitoire tend à se réduire par les décisions de la Cour européenne des droits de l'homme et de la Cour européenne de justice. L'accusatoire, pourquoi pas ? Mais ce système offre-t-il plus de garanties pour le citoyen ? Il suffit de se référer à des dérives, comme aux USA, où c'est l'argent qui fait le procès. Puissant ou misérable, la défense ne sera pas la même.

Quant à la réforme de la police, j'y vois de gros dangers, notamment celui de perdre le lien avec les directeurs d'enquête avec lesquels je suis aujourd'hui en contact direct. Avec la réforme, ce sera plus compliqué. Les préfets prennent un pouvoir immense. Je ne suis pas certain qu'ils n'interviendront pas dans les procédures. On a déjà vu l'effet néfaste de la départementalisation des fonctionnaires de la Police de l'air et des frontières (PAF) qui ont perdu leur logiciel. Dans les services comme la PJ, la diffusion de procès-verbaux remontant directement au ministère de l'Intérieur soulève également des questionnements juridiques.

Il ne s'agit pas pour autant de transférer les services d'enquête à la justice. Les avocats nous fustigent sans cesse, « les enquêteurs sont les vôtres ». On pourrait agir comme l'ont fait les Belges après l'affaire Dutroux en créant deux types de services : la gendarmerie, responsable de l'ordre public et du petit judiciaire, et la police, polarisée sur les enquêtes de délinquance internationale, les crimes de sang, le financier, avec des passerelles entre les deux pôles.

Je terminerai en rappelant que le procureur est le premier garant des droits de la défense dans une procédure, le premier avisé d'une garde à vue. Nous nous questionnons immédiatement : « Que s'est-il passé ? Cette mesure est-elle justifiée ? »

C'est avant tout cela, le respect des libertés individuelles.

Samuel Vuelta Simon :
« Cette odeur de poulet recuit qui empestait »

Des affaires trop souvent glauques, de Boulogne-sur-Mer à la violence de Toulouse, Samuel Vuelta Simon a traversé l'Hexagone. Il reste particulièrement marqué par un double parricide dans les Pyrénées-Atlantiques.

Je n'imaginais pas devenir procureur de la République en passant le concours de l'ENM en 1988, pas plus que je n'imaginais devenir magistrat en entrant en fac de droit, pas plus que je n'imaginais faire des études supérieures quand j'étais au lycée…

Deux figures de l'époque ont inspiré mon choix de m'orienter vers le droit : le juge Pierre Michel, assassiné en 1981 à Marseille, et le garde des Sceaux Robert Badinter, qui s'est investi durant la même période dans l'abolition de la peine de mort. J'aurais pu suivre une carrière d'avocat, mais le choix de la magistrature s'est imposé à moi pour des raisons économiques. Je suis issu d'une famille d'ouvriers, mes parents ne pouvaient assumer financièrement de longues études. L'ENM assure une rémunération durant les trois années de formation.

Le concours pour entrer dans la police espagnole m'a séduit dans un premier temps, mes origines ibériques m'offrant la double nationalité. Mais j'ai rapidement compris que j'étais avant tout français.

*

Mon stage d'auditeur de justice s'est déroulé à Angoulême. À la sortie de l'ENM, j'ai choisi les fonctions d'instruction – il est vrai que j'étais peu attiré par le parquet. Direction Boulogne-sur-Mer dans une avant-première de *Bienvenue chez les Ch'tis*. Je suis parti en voiture fin août vers le « Ch'Nord » avec mon épouse, non sans appréhension. Sur l'autoroute A1, à hauteur du panneau annonçant l'entrée dans la région, le ciel s'est assombri brusquement et s'est ensuivi un orage de grêle. Je n'ai pas revu le soleil jusqu'au mois d'avril suivant.

Dans ce climat grisâtre, des affaires comme celles d'Outreau, il en pleut tous les mois. Il ne s'agit pas de dossiers de pédophilie classiques, mais de rapports incestueux particulièrement glauques où, l'alcool, la misère sociale et intellectuelle aidant, la dignité et la morale disparaissent. Une fratrie entière est régulièrement abusée par des voisins dans une cage d'escalier. Jusqu'à des scènes insoutenables de mineurs que l'on force à participer à des rapports sexuels avec des chiens. Parfois, ces récits sont aussi glaçants que ce qui a été relaté dans l'affaire d'Outreau.

Nous procédions aussi, histoire de nous changer les idées, à de superbes saisies de drogue, à l'image de l'affaire du *Nemo*, un ancien cargo espion soviétique transportant 24 tonnes de résine de cannabis à destination des pays baltes. Je me souviens, en pénétrant dans la timonerie, de la présence des appareils d'écoute servant à l'espionnage avec des inscriptions en russe, mais dont les cadrans étaient brisés et recouverts de poussière.

Boulogne-sur-Mer abrite enfin des meurtres sordides, des affaires du quotidien, comme ce jeune de dix-huit ans qui frappe un soir de Noël un paisible retraité vivant seul et qui pourtant le connaît bien. Le coup de poing est si fort qu'il lui fend le crâne. Le butin : un paquet de cigarettes et… 50 francs de l'époque.

À cette période, le juge d'instruction était constamment sur le pont. Les procureurs, quant à eux, ne suivaient pas le même rythme de travail qu'aujourd'hui. Leur chef était souvent cloîtré dans son bureau, échangeait peu. D'ailleurs, on se gardait de le déranger… La permanence d'un parquet recevait tout au plus une dizaine de coups de fil par jour. Aujourd'hui, nous en sommes à deux cents, parfois d'avantage. Le parquet ne menait que très peu d'enquêtes au long cours. Dès qu'un fait grave ou complexe survenait, le juge d'instruction prenait le relais et commençait son enquête.

Jusqu'à la fin des années 1990, le magistrat instructeur décidait de tout, de la mise examen[1] au placement

1. Anciennement « inculpation ».

en détention provisoire. Sous l'influence de l'Europe, la France a depuis déconnecté l'enquête de la mesure de sûreté en la confiant à un juge des libertés et de la détention, ce qui est un progrès car il crée un système beaucoup plus « garantiste ». Mais, parfois, il peut déresponsabiliser le juge d'instruction qui ne se sent plus comptable des mesures de sûreté en cours. Les personnes placées en détention provisoire, « mes » détenus, j'y pensais tous les soirs. On vit avec eux, impossible de les oublier.

Quitter la région a pourtant été douloureux. Nous laissions, mon épouse et moi, notre jeunesse derrière nous pour gagner Poitiers, j'y étais nommé comme juge d'instruction. Après deux années passées en Haute-Vienne, on me propose un poste de chargé de mission à Paris, au ministère de la Justice où je m'occupais de coopération internationale opérationnelle, notamment de contre-terrorisme. Ce travail poussé avec l'Espagne, les États-Unis, l'Italie, le Royaume-Uni m'a permis d'être choisi comme magistrat de liaison français en Espagne : une position dans un pays allié, afin d'aider au développement et à la réussite des enquêtes françaises qui s'y prolongent. À Madrid, il était surtout question de terrorisme basque et, déjà, islamiste. Le trafic international de stupéfiants était également l'un des sujets majeurs. J'ai achevé cette première phase de mon parcours à un poste de direction à l'ENM pour mettre en place la réforme souhaitée par la garde des Sceaux de l'époque, Rachida Dati, à la suite du « désastre » d'Outreau et de la commission parlementaire du même nom. J'ai appris énormément aux côtés des deux directeurs qui se sont succédé à la tête de l'école, expérience qui m'a poussé à persister dans les fonctions de responsabilité managériale.

*

Mon premier poste de procureur m'a conduit à Bayonne, où une mésentente entre les chefs de la juridiction rendait l'ambiance tendue. Cerise sur le gâteau, une partie du greffe était en grève et il fallait de surcroît gérer une véritable fracture avec les avocats.

J'entame mon initiation au travail de procureur, entouré d'une petite équipe de six collègues. Deux événements majeurs marquent mon passage. Le premier d'entre eux est le désarmement du groupe terroriste ETA en avril 2017, qui finit par annoncer sa dissolution un an plus tard. Réfugiés dans l'Hexagone, les terroristes choisissent de rendre les armes à la justice française seule, dont le représentant au Pays basque est le procureur de Bayonne. Pour des raisons politiques, ils refusent de restituer leur arsenal aux États des deux pays ou à la justice espagnole. Dans ce scénario hors norme, le parquet peut compter sur la collaboration de tous les services locaux de l'État et même des représentants associatifs convaincus que la violence est un non-sens. Presque 4 tonnes d'armes sont récupérées.

Vient ensuite l'organisation du G7 à Biarritz, en août 2019, qui réclame un an de préparation dans un contexte houleux de protestations sociales. Nous mettons en place un dispositif judiciaire pour faire face aux infractions pouvant se commettre pendant la durée de l'événement. Fort heureusement, les efforts payent et tout se déroule parfaitement.

Malgré la quiétude ambiante et la beauté du cadre, Bayonne connaît aussi des crimes du quotidien, toujours dramatiques, parfois sordides. Une mère souffrant de problèmes psychiatriques noie ses deux enfants dans l'Adour. Elle a complètement perdu pied, affirmant dans un délire mystique que son fils était Jésus et sa fille, Marie. Un vendredi soir, dans l'obscurité des rives du fleuve, j'assiste à l'examen des petits corps par le légiste, tout juste retirés de l'eau. Bouleversant.

Un drame terrible se joue également avant l'été 2016. Un homme, inquiet, appelle le commissariat pour signaler que l'appartement d'une famille est fermé et que le commerce attenant tenu par l'épouse n'est toujours pas ouvert.

En entrant dans les lieux, la police découvre une scène terrible. Quatre corps tués par arme à feu. Le père a abattu froidement son épouse et ses deux filles âgées de onze et seize ans, avant de se donner la mort. Malgré l'apparence de quelqu'un de très introduit dans la sphère politique, l'homme était en réalité fasciné par les armes et connu pour avoir été condamné pour menaces contre un élu public. Le jour des meurtres, il avait prévu de rencontrer un tiers à qui il devait une forte somme. Il a préféré en finir avec la vie et emporter les siens dans son issue fatale. La mère et les filles étaient connues et appréciées. Leur mort a laissé un sentiment d'injustice terrible, même aux professionnels de la police judiciaire qui ont dû traiter cette affaire avec tout le détachement nécessaire.

Parfois, le souvenir est olfactif, à l'image du double homicide de La Bastide-Clairence. Nous sommes en 2016, dans un huis clos familial meurtrier. Deux frères, deux parents et la belle-fille. L'un des frères tue par arme à feu les parents pour hériter d'un fort patrimoine. Le crime se déroule durant le repas dominical. Un poulet cuit dans le four, mais personne n'a songé par la suite à l'éteindre. Cette odeur de poulet recuit qui empestait m'a dégoûté d'en consommer pendant au moins un an. Le mode opératoire criminel avait été minutieusement préparé et même griffonné sur un bout de papier retrouvé dans les poches de l'auteur. L'un des frères et sa compagne sont renvoyés devant la cour d'assises. Après un premier jugement, un deuxième procès en appel condamnera le fils à trente ans de réclusion criminelle et acquittera la belle-fille[1].

Et, enfin, ce rôdeur qui, juste après l'été 2017, viole et étrangle une jeune femme enceinte. Je me souviens, c'était une infirmière, une fille radieuse et aimée de tous ceux qui la connaissaient. Elle était enceinte de huit mois. Sa famille était dévastée. Tout était terrible

1. Pascal et Ewa Rouxel sont assassinés en 2016 dans leur maison de La Bastide-Clairence. En novembre 2020, la cour d'assises de Pau condamne l'un des deux fils, Kevin Rouxel, à trente ans de réclusion criminelle et sa compagne, Sofiya Bodnarchuk, à vingt ans de la même peine. En octobre 2022, la cour d'assises de Mont-de-Marsan confirme en appel la condamnation du fils et acquitte la belle-fille (« Double parricide au Pays basque : un accusé condamné à trente ans de prison et l'autre acquitté », *Le Figaro* avec AFP, 23 octobre 2022).

dans cette histoire. Le meurtrier, psychologiquement instable, qui se contentait d'ordinaire de voler des objets, ce jour-là, avait été attiré par la voix douce de la fille qui parlait à sa mère au téléphone. Il avait décidé d'abuser d'elle. Et comme la victime avait résisté, il l'avait étranglée. J'ai eu un échange avec sa mère, sur les lieux mêmes. Je lui ai promis de faire l'impossible pour retrouver et faire juger celui qui lui avait volé sa fille pour toujours.

Digérer ces moments-là n'est pas toujours simple. Bien sûr, l'enquête reprend le dessus et la concentration dont doit faire preuve le professionnel permet d'avoir le détachement suffisant. Au terme d'un travail d'enquête considérable, l'auteur a été identifié et interpellé à peine quatre jours plus tard. Il a été reconnu coupable du viol et du meurtre, et condamné par la cour d'assises en septembre 2019 à la réclusion à perpétuité.

Le sommet des chefs d'État du G7 à peine terminé et l'odeur de poulet recuit dissipée, me voilà détaché à l'Ofast en août 2019 pour un moment aussi original qu'intense de ma vie professionnelle. Je note au passage une fâcheuse tendance à me retrouver engagé dans des contextes « bouillants ». L'Ocrtis, prédécesseur de l'Ofast, connaît à l'époque des avanies[1].

1. François Thierry, ancien patron de l'Office central de lutte contre le trafic illicite de stupéfiants (Ocrtis), est renvoyé en septembre 2002 devant une cour d'assises pour avoir favorisé l'importation de dizaines de tonnes de drogue dans le dos des magistrats. Les méthodes opaques du service sont vivement critiquées. L'Ocrtis est alors démantelé pour céder la place en 2019 à une nouvelle structure, l'Ofast (« Cour d'assises en vue pour François Thierry, l'ex-patron de l'office des stups », *Libération*, 23 septembre 2022).

*

Après cet intermède en dehors de la justice, direction Toulouse pour exercer à nouveau le métier de procureur de la République.

La ville m'accueille avec une affaire très médiatique que je n'ai pas traitée dès le départ. Il s'agit, au demeurant, d'un dossier très simple, le dossier Jubillar, un couple en conflit, l'épouse disparaît de manière imprévue. Le corps n'est pas retrouvé mais de forts soupçons se portent sur le mari qui jure son innocence[1]. Les médias s'emparent du fait divers pour ne plus le lâcher.

Je déplore cet emballement médiatique qui vient polluer la sérénité de l'instruction. Dans ce contexte, je refuse de communiquer plus avant sur le dossier, ce qui se justifie par la volonté de ne pas tenir le procès dans la presse avant qu'il ne se déroule à l'audience. De plus, une communication initiale a eu lieu et elle s'est révélée contre-productive.

Je suis partisan de l'école de François Molins selon laquelle la communication judiciaire sur les affaires individuelles doit être précise sur le factuel, ciselée, dans l'idéal un simple point presse d'un maximum de dix minutes, avec une ou deux questions en fin d'intervention. Il n'y a pas lieu de débattre longuement avec

1. Dans la nuit du 15 au 16 décembre 2020, Delphine Jubillar disparaît de son domicile dans le Tarn. La justice soupçonne son mari Cédric d'avoir tué sa femme et fait disparaître le corps. Ce dernier, qui clame son innocence, est mis en examen et incarcéré pour ces faits. Ses demandes de mises en liberté ont été rejetées par la chambre de l'instruction.

les médias sur le fond des enquêtes : notre arène est judiciaire, pas médiatique.

Tout dossier, même très médiatisé, m'impose de demeurer impartial quel que soit mon sentiment sur l'affaire. Le fait d'entrer dans une joute médiatique sur les arguments avancés par la défense menace *de facto* cette impartialité. Tout comme le juge d'instruction, le procureur doit mener une enquête à charge et à décharge, afin de vérifier la réalité des faits, leur imputabilité et la responsabilité des auteurs, en mon âme et conscience. S'il estime qu'à un moment ou un autre les charges sont insuffisantes, les poursuites doivent être abandonnées. S'il apparaît que des éléments sérieux constituent des charges suffisantes contre une personne, alors la poursuite doit persister jusqu'à ce que cette personne réponde de ses actes devant une juridiction. Le rôle d'un avocat n'est pas du tout le même. S'il sait son client coupable et qu'il en accepte la cause, il peut utiliser tout ce qui est en sa faveur pour soutenir son innocence. Il peut aussi bien sûr toujours refuser d'assumer une stratégie de défense qu'il ne partage pas.

Je conçois que d'autres procureurs puissent avoir des visions différentes. Le rapport médiatique peut devenir piégeux si vous sortez du factuel. La parole doit être sûre : lorsqu'on ne sait pas, on ne dit pas. Toute information est aujourd'hui immédiatement relayée et reprise dans les tweets, les posts, les blogs, et peut revenir en boomerang.

Un tel emballement n'existait pas voici quelques années. J'apprécie quant à moi le journalisme qui a du recul, de la réflexion, mais je reconnais que les jeunes générations sont sous pression, parfois avec des statuts précaires, contraints de produire de l'info souvent pour ne rien dire, dans un contexte de concurrence sauvage. Et, je l'avoue, je regarde de moins en moins la télévision.

*

Pour en revenir à mes missions à Toulouse, je note une dégradation notable du climat global au niveau de la grande criminalité. L'agglomération rassemble 1,3 million d'habitants, soit plus que Marseille, mais compte pourtant vingt magistrats de moins au parquet.

Le banditisme local s'appuie principalement sur une communauté issue de l'immigration historique en provenance des pays du Maghreb qui a monopolisé des trafics de drogue et s'appuie sur la proximité avec l'Espagne. Je constate un phénomène migratoire incessant de jeunes hommes débarqués en situation irrégulière qui se fixent à Toulouse, en provenance principalement d'Algérie. Certains d'entre eux sont déjà fichés comme délinquants dans leur pays d'origine. Débarqués sans papiers, sans domicile ni ressources, ils sont rapidement récupérés par les groupes criminels locaux pour vendre des cigarettes, de la drogue ou voler. Et, la plupart du temps, ils se droguent eux-mêmes avec des médicaments neuroleptiques détournés.

Nous ne parvenons pas à endiguer ce mouvement, confrontés que nous sommes à une logique de l'absurde. Les condamnés ne peuvent être expulsés à leur sortie de prison. Certains pays d'origine n'acceptent que rarement de reprendre leurs ressortissants dont la France veut se débarrasser parce qu'ils ont été condamnés à de nombreuses reprises. Ils demeurent souvent sur les terres toulousaines, renouvellent constamment les infractions, ce qui augmente l'insécurité au quotidien.

Les stups explosent à Toulouse, mais pas seulement. Les petites villes du ressort sont également touchées. Je note que l'on y comptait en 2021 quasiment le même nombre de règlements de comptes qu'à Marseille, sauf que la cité phocéenne recense vingt-cinq morts et Toulouse, un seul… Cela peut s'expliquer. D'abord, « nos » tueurs sont souvent inexpérimentés, pas entraînés, et utilisent presque toujours des armes de petit calibre. On perçoit cependant une pression montante, un trafic des armes qui s'intensifie et malheureusement le savoir-faire qui va avec. Certains groupes de trafiquants font désormais appel à des tireurs venus des Bouches-du-Rhône ou de la région parisienne pour faire le travail et mettre leurs concurrents sous pression. Je constate aussi que nous avons des urgences formidables qui font des merveilles et sauvent tout le monde.

Mais une grave crise frappe le tribunal que je rejoins, nous manquons cruellement de moyens humains. La police n'est pas mieux lotie, faute d'officiers de police judiciaire pour traiter les enquêtes.

En 2022, les services de police toulousains dénombraient 55 000 procédures non traitées au commissariat, preuve s'il en est que Toulouse est sous-dimensionnée en termes de moyens au regard d'autres grandes métropoles. En plus de rechercher avec le directeur départemental de la sécurité publique les moyens de réduire ce stock endémique, ma communication vise alors à provoquer une prise de conscience, à démontrer que Toulouse n'est pas uniquement une ville tranquille où l'on joue au rugby et mange du cassoulet.

La cité est aussi riche, très riche même, avec de nombreux secteurs prospères, comme l'aéronautique, mais pas seulement. Beaucoup d'argent circule. S'ajoute la proximité avec l'Espagne qui favorise le trafic de stupéfiants. Nous saisissons cependant des quantités assez limitées de drogue, en général de la résine de cannabis. La proximité avec la principauté d'Andorre favorise les trafics de cigarettes et autres marchandises. Pour résumer, le territoire est très bien placé pour faciliter les activités illégales, mais peu doté de moyens étatiques pour affronter cette criminalité.

*

Quant à l'avenir du procureur, un modèle européanisé plaide pour l'égalité des armes entre la défense et l'accusation, fortement inspiré de la culture anglosaxonne. Dans ce schéma, le procureur-accusateur débat à armes égales avec l'avocat-défenseur, c'est-à-dire avec le même poids juridique aux yeux de l'autorité judiciaire qui est incarnée par le juge seul. Au passage, on remarquera que devenu simple accusateur, le ministère public peut faire fi des éléments susceptibles d'étayer l'innocence de la personne et ne s'occuper que de sublimer les éléments à charge. Dans ces systèmes, la police qui enquête est indépendante du pouvoir judiciaire, seule sa hiérarchie propre contrôle son action.

Prenons l'exemple de l'Espagne, que je connais bien. Il y existe un parquet très différent de son homologue français qui ne fait que soutenir l'accusation devant les tribunaux. Sauf domaines très particuliers, il n'intervient pas dans les enquêtes, et la coupure du lien avec les services d'enquête est totale. La conséquence d'une égalité des armes serait la disparition de la qualité d'officier de police judiciaire : si le procureur n'est plus un magistrat mais un simple accusateur, il n'y a plus de raisons pour qu'il continue à diriger le travail des services d'enquête. Avec un changement radical de ce type, qui contrôlera les activités policières ? Le seul ministre de l'Intérieur.

*

C'est pour cette raison que tout ce qui touche à la direction effective de la police judiciaire, notamment les réformes de la police qui peuvent modifier les équilibres, ne laisse jamais insensibles les procureurs. Parfois, dans des antiennes bien connues, certains syndicats de commissaires perçoivent les magistrats comme des empêcheurs de tourner en rond qui mettent leur grain de sel dans les enquêtes et veulent leur imposer des choix stratégiques qui ne sont pas les leurs. Pourtant, je sais, par expérience et par conviction que leur interaction est primordiale, notamment dans tout ce qui relève de la lutte contre la criminalité organisée, le terrorisme ou la grande délinquance financière. Si on laisse de côté les postures syndicales, au quotidien, cette relation entre le magistrat et le chef de police est fluide, constructive et efficace : tous deux travaillent dans la recherche de la vérité, pour la justice et la République. Ce sont en tout cas les enseignements que m'apportent mes expériences bayonnaise et toulousaine.

La nécessaire indépendance opérationnelle du procureur entraîne aussi un isolement certain. Ainsi, je n'ai personnellement jamais reçu le moindre coup de téléphone sur une affaire, ne serait-ce que pour me conseiller, s'informer, me féliciter ou me reprocher quoi que ce soit. Même dans le cas du désarmement de l'ETA, un événement historique d'envergure mettant fin à soixante ans d'assassinats qui ont causé plus de neuf cents victimes.

Est-ce que je l'aurais apprécié ? Avec le recul, je ne sais pas. Au fond, ce qui m'intéressait dans ces moments-là, c'était de bien conduire la partie judiciaire des opérations, en lien avec François Molins, alors procureur de Paris qui était encore compétent en matière de lutte antiterroriste.

Sur l'organisation du parquet, les procureurs adjoints et substituts appliquent une politique pénale que je définis soit par des instructions écrites, soit lors de nos réunions techniques. En général, ils appliquent mes directives, me consultant lorsqu'ils ont un doute. Les magistrats du parquet mettent en œuvre l'action publique en fonction des instructions données. Mais cela n'exclut pas le débat interne pour concevoir et caler ces instructions.

Je me souviens d'une affaire de viol en milieu étudiant au cours de laquelle les échanges ont été riches, notamment pour définir quelle serait la position du parquet en ce qui concernait les mesures de sûreté : en résumé, savoir si on allait demander au juge de placer en détention provisoire la personne qui allait être mise en examen. Plusieurs éléments de cette affaire, le déroulement des faits et la personnalité de l'auteur présumé, pouvaient permettre d'opter pour deux solutions opposées. J'ai mon idée, j'y suis hostile. La collègue de permanence en a une autre, elle y est favorable.

Nous nous réunissons en fin de journée, à plusieurs, pour évoquer le cas. Dans la nuit qui suit, ma collègue change d'avis et moi aussi. Je commence à être favorable à la détention, elle ne l'est plus, nos raisons sont aussi pertinentes les unes que les autres. Au matin suivant, la position du parquet est stabilisée. Finalement, le juge prend une décision contraire aux réquisitions du parquet, comme pour nous rappeler qu'en définitive, la décision n'appartient qu'à lui.

La justice doit répondre aujourd'hui à deux défis majeurs : la masse et le temps. On sait que l'instruction par un juge, lorsqu'il n'y a pas de mesure de sûreté venant rythmer l'avancée de l'enquête, implique souvent des traitements sur plusieurs années. Parfois, cela concerne des affaires dramatiques d'homicides involontaires dans lesquelles des familles endeuillées après un accident mortel dû à une négligence doivent rester trop longtemps sans réponse et sans procès public, le temps que l'instruction se termine. Les affaires de délinquance en col blanc, en raison de leur complexité, pâtissent également de la longueur des instructions et des stratégies de défense qui ont intérêt à retarder au maximum la tenue du procès. Pourtant, particulièrement lorsqu'il s'agit de faits contraires à la probité, le citoyen est légitimement impatient de voir aboutir ce type d'enquête.

La conservation des enquêtes, mais aussi et surtout l'augmentation constante des missions qui sont dévolues à la justice et en particulier au ministère public ne cessent de tendre la situation des ressources humaines au sein des parquets. Je nous compare souvent au service des urgences des hôpitaux qui connaissent le même afflux et les mêmes maux en raison de moyens humains ne progressant pas assez vite au regard d'une demande croissante.

Pourtant, nous n'avons cessé ces dernières années d'inventer et d'utiliser tous les moyens rapides pour faire face au volume d'affaires et, toujours et encore, réduire le temps de la justice pénale.

Pour tout ce qui présente un caractère d'urgence, les situations de crise sont bien gérées, les victimes sont mises à l'abri, les troubles sont apaisés, comme par des urgentistes hospitaliers qui diagnostiqueraient rapidement, en réduisant les fractures ou en arrêtant les hémorragies.

Mais quand on monte dans les étages de l'hôpital, la situation se dégrade : fermeture de lits en raison du manque de soignants, abandon de spécialités, etc. Dans les étages des palais, il en va de même et les délais de traitement des dossiers sont interminables. À Toulouse, une date d'audience pour faire juger un délit est d'une année, un simple divorce prend entre deux et quatre ans, et ainsi de suite.

Cette réalité provoque une évolution dans l'investissement des effectifs et ce n'est pas le moindre des maux de l'institution. Le sens n'y est plus ou en tout cas devient de plus en plus flou. En matière de contrôle psychiatrique, les juges passent des journées entières à valider les conditions d'internement. Il s'agit d'apprécier une décision administrative. Pourtant, au nom de la garantie des libertés individuelles ; c'est le juge judiciaire qui intervient. Mais est-ce véritablement son rôle ? Alors même, par exemple, que le contrôle final des atteintes à ces libertés qui peuvent être commises à l'occasion d'une action des services de renseignement est dévolu au juge administratif…

La justice judiciaire doit peu à peu intégrer de nouveaux domaines de compétence, d'où des générations de magistrats qui finissent parfois par douter de leurs missions premières. Notre époque est davantage centrée sur la vie personnelle que professionnelle, c'est un fait et c'est certainement un bien. Cependant, nombreux sont ceux qui se détournent rapidement du parquet sans véritable reconnaissance statutaire, un critère important de nos jours. Beaucoup renoncent aussi à la carrière de procureur de la République lorsqu'ils voient au quotidien leur chef subir la pression opérationnelle, administrative et hiérarchique, parfois dans une grande solitude.

Alors, il est des jours où on se murmure à nous-mêmes : faut-il continuer à faire ce métier exigeant, sans vraie reconnaissance de notre employeur, sans aucun retour sur investissement ? Heureusement, parfois, la reconnaissance d'une victime, d'un collaborateur ou d'un partenaire vient dissiper ces moments de doute. Et on peut continuer à gérer les urgences, à traiter la masse dans un temps raisonnable, dans un temps utile pour le citoyen. Mais tout cela use.

Pour les évolutions futures, nous réclamons plus d'autonomie dans certaines matières. Car si la moitié de la réponse pénale relève de poursuites, l'autre est du domaine de mesures alternatives mises en place avec l'aide précieuse des délégués du procureur. Pour les poursuites simplifiées, nous avons mis en place la CRPC[1], directement inspirée de la justice anglo-saxonne, mais en France, il faut que cette décision soit validée par un juge du siège au cours d'une audience formelle.

Pourquoi ne pas permettre au procureur de prendre seul cette décision après acceptation de la personne en présence de son avocat, lorsque la peine proposée n'entraîne pas de prison ferme ? Nous gagnerions en efficacité et en lisibilité, puisque l'accord ne serait scellé qu'entre le prévenu et le procureur.

1. La comparution sur reconnaissance préalable de culpabilité a été mise en place pour éviter l'examen d'une affaire par le tribunal correctionnel et désengorger les juridictions. Elle s'applique aux délits à l'exception des délits graves énumérés par les articles 495-7 et 495-16 du Code de procédure pénale.

Une autre évolution pourrait être à terme la suppression du juge d'instruction. Pour avoir exercé ces fonctions pendant douze années, je constate que le système est à bout de souffle. Dans les faits, le juge d'instruction ne relève pas d'un contrôle véritable et ses pouvoirs peuvent se confondre avec ceux du juge des libertés et de la détention (JLD). L'évolution législative et l'avènement du JLD ont accentué le caractère hybride du juge d'instruction, pas tout à fait juge, pas tout à fait enquêteur. Je reste persuadé que, comme il le fait déjà pour 90 % des enquêtes, le parquet pourrait reprendre à sa charge tous les dossiers pénaux aujourd'hui traités par la juridiction d'instruction et s'adresser au JLD pour les mesures de sûreté ou fortement attentatoires aux libertés, comme il le fait déjà actuellement. Bien entendu, pour cette évolution, les garanties d'indépendance du parquet méritent d'être renforcées : l'alignement du mode de nomination sur celui des juges du siège est un préalable.

L'avenir doit aussi se pencher sur l'organisation des parquets. La carte judiciaire mérite d'être réformée, elle ne correspond à rien. À Toulouse, par exemple, nous dépendons de la juridiction interrégionale spécialisée de Bordeaux, alors que le service de la police judiciaire avec lequel nous travaillons au quotidien dépend d'une direction zonale de la police judiciaire[1] installée à Marseille. Quelle en est la logique ?

1. Direction zonale de la police judiciaire Sud qui couvre tout le Midi, de Nice à Perpignan.

Il faut aussi faire le point sur la lutte contre la criminalité organisée qui est une des priorités toulousaines. Les juridictions interrégionales spécialisées (Jirs) ont vu le jour en 2004, il y a presque vingt ans. Elles étaient au nombre de huit ; le dispositif territorial n'a pas évolué depuis. La criminalité si, énormément, même. Il faut repenser notre dispositif de réponse au crime organisé en complément des Jirs, en identifiant sur le territoire des parquets impactés par la menace et en leur donnant les moyens pour l'affronter. Toulouse est un de ces lieux, comme Grenoble, Nantes ou Mulhouse.

L'organisation du parquet mérite aussi une réflexion poussée. Classés en première et deuxième instances aujourd'hui, les parquets sont supervisés par des parquets généraux qui n'ont pas les mêmes missions, ni les mêmes pouvoirs. Dans les autres administrations de l'État, le responsable de la supervision régionale est aussi responsable opérationnel pour son département d'implantation : le préfet de la région Occitanie est aussi préfet de Haute-Garonne, le commandant de la région de gendarmerie est aussi commandant du groupement de la Haute-Garonne, etc. Je suis persuadé qu'un alignement sur ce modèle nous ferait gagner en efficacité et en lisibilité et renforcerait l'unité et l'indivisibilité du ministère public.

Depuis des années, de nombreuses autres pistes de réflexion ont été ouvertes pour faire évoluer le métier de procureur. Les réalisations concrètes, cependant, se font attendre…

Les parquets d'aujourd'hui sont composés d'hommes et de femmes, de magistrats, greffiers, fonctionnaires, mais aussi de plus en plus de contractuels, vacataires, assistants spécialisés, juristes assistants, assistants de justice, délégués du procureur. De manière provocatrice, je les nomme « les invisibles », tant l'institution peine à les reconnaître, à les fidéliser et à les considérer. Ces invisibles sont pourtant les garants du fonctionnement de la justice. S'ils ne sont plus là, la machine s'arrête totalement. Puisque l'on parle des femmes et des hommes qui entourent le procureur, il me faut dire un mot sur ce qu'ils voient au quotidien, le conflit, le drame, la douleur, le côté sombre de l'humanité dans tous ses degrés. Ce sont souvent des images terribles qui peuvent ressurgir périodiquement de la mémoire cachée de chacun. Fort heureusement, la gestion de cet aspect psychologique progresse. Le tribunal abrite désormais un psychologue à demeure, chargé de débriefer ces situations.

Je crois que quelque part, chaque procureur s'est inconsciemment orienté vers ces fonctions, parce qu'il était sensible à la valeur du bien et du mal, à ce qui est légal et qui ne l'est pas, à la protection de la victime et au châtiment de l'auteur. Je suis persuadé que chacun de nous a voulu être comme ces super-héros qui combattent le crime, rétablissent la justice et, parfois, sauvent le monde…

Nous avons été exaucés ! On attend du procureur aujourd'hui qu'il répare tout. Malheureusement, ses seuls superpouvoirs sont la loi et son engagement personnel au sein d'un collectif.

Si j'ai regretté mon choix ? À aucun moment. Malgré les conditions d'exercice difficiles, je l'ai dit, c'est un métier au sens profond et d'une utilité sociale considérable. La justice est l'un des fondements forts de notre société, qui permet d'assurer la démocratie et l'État de droit que nos aînés ont choisi comme cadre. La possibilité de faire ce choix a été le fruit de combats, d'abnégations et d'engagements de leur part. Il nous appartient de préserver cet héritage et cette protection fantastique dont beaucoup de pays sont aujourd'hui privés dans le monde.

Pierre Sennes :
« Seul face aux médias »

Une carrière entière au parquet avec un passage « bouillant » à Nantes. De Notre-Dame-des-Landes à Dupont de Ligonnès, l'actuel procureur de Pontoise livre les confidences d'un homme de terrain.

J'ai fait le choix de la magistrature après mes études de droit à Bordeaux, motivé par le service public, l'intérêt général, par ce qui signifie pour moi être au service de l'État et de la loi. Expression de la volonté populaire, le parquet incarne la fonction la plus connectée avec la défense de ces valeurs. Si le rôle du juge est d'une importance sociale capitale, le procureur prend en compte les attentes de la société, la défense de l'ordre public, de la légalité. Cette mission s'articule en outre sur un travail d'équipe incarné par le principe d'indivisibilité du parquet – chaque membre s'exprimant par délégation de pouvoir au nom du procureur de la République.

Prenons l'exemple de Pontoise, mon poste actuel, dans le cadre duquel j'anime une équipe de trente et un magistrats dont la moyenne d'âge est inférieure à trente ans. Sans faire de paternalisme, chaque jour, l'ancien que je suis vient avec bonheur au tribunal œuvrer avec une équipe de jeunes collègues enthousiastes qui acceptent de nombreux sacrifices et une charge de travail accablante dans l'unique but d'améliorer la vie de nos concitoyens et de servir la justice. Ma carrière se construit au parquet dans différents types de juridictions, des petits tribunaux dans des zones très rurales de la France profonde au Val-d'Oise, marqué par des contentieux de banlieue parisienne. Je suis substitut à Agen en 1986, puis premier substitut à Nantes en 1993, et procureur adjoint à Perpignan en 1999. Ma carrière de procureur de la République commence à Guéret, dans la Creuse, puis se poursuit à La Roche-sur-Yon, Poitiers, Clermont-Ferrand, Nantes et Pontoise.

Le choix de Guéret étonne pour un ancien procureur adjoint à Perpignan. Lors de ma nomination certains mauvais esprits murmurent que j'ai dû connaître des problèmes dans mes précédentes affectations pour m'enterrer ainsi à Guéret (« T'as fait une boulette ? » me demande un collègue). Je leur réponds que partout sur le territoire les citoyens ont besoin de nous, besoin de justice et de protection, que j'ai été très heureux avec ma famille dans la Creuse.

À Clermont-Ferrand, le dossier Fiona constitue un moment fort de mon parcours. C'est l'histoire d'une enfant de cinq ans soi-disant enlevée dans un parc, et qui suscite une grande émotion. La mère, jouant sur une fibre très médiatique, capte un incroyable élan de sympathie, jusqu'à ce que l'opinion publique se retourne en découvrant que Cécile Bourgeon et son concubin sont responsables de la mort de la petite fille, et ont fait disparaître le corps[1].

Il m'appartient de gérer la médiatisation : je décide d'organiser une conférence de presse visant à expliciter les orientations de l'enquête. Mais, très rapidement, le doute s'installe dans mon esprit et dans celui des enquêteurs de la PJ. Nous demeurons cependant très discrets dans notre communication. L'opinion publique ne semble pas prête à accepter que l'image de cette mère courage soit écornée. Nous manquons d'éléments pour étayer nos doutes. J'expose donc aux médias la thèse d'un enlèvement, alors qu'en réalité la piste d'enquête mène au couple.

Tout bascule avec l'interpellation. Les suspects passent aux aveux, bouleversant la gestion médiatique du dossier. C'est désormais une foule pleine de haine qui accueille les déférés sur le parvis du tribunal de Clermont. Résonnent encore en moi les cris.

---

1. Le 12 mars 2013, Cécile Bourgeon déclare que sa fillette de cinq ans a disparu au cours d'une promenade dans le parc Montjuzet à Clermont-Ferrand. La mère affirme s'être endormie et qu'à son réveil Fiona n'était plus là. Elle lance un appel déchirant à la télévision pour que l'on retrouve son enfant. Quatre mois plus tard, après une garde à vue à Perpignan, ville où la mère et son compagnon, Berkane Makhlouf, ont emménagé, le couple reconnaît que Fiona est morte et qu'ils ont enterré le corps dans une forêt. Il ne sera jamais retrouvé. Cécile Bourgeon affirme que l'enfant est décédée sous les coups de son compagnon, qui déclare que la fillette s'est étouffée dans son vomi. L'affaire est marquée par quatre procès à la suite de vices de procédure relevés notamment au cours de l'audience d'appel. Berkane Makhlouf est condamné à dix-huit ans de réclusion et la mère, définitivement condamnée en 2022 à vingt ans de la même peine (Élise Martin, « Affaire Fiona : retour sur dix ans de mensonges, de tabous et de procès », site 20 minutes, 12 mai 2023).

*

La période nantaise occupe une place à part dans toutes mes affectations. Dès mon arrivée m'attend l'évacuation de Notre-Dame-des-Landes par vingt-deux escadrons de gendarmerie qui interviennent durant trois semaines[1]. Je gère cette affaire sur le plan judiciaire avec ma collègue de Saint-Nazaire qui contrôle géographiquement une partie de la ZAD et moi, l'autre. Nous sommes enfermés quasiment en permanence durant trois semaines dans le PC de gendarmerie pour suivre l'évolution des opérations afin que tous les éléments de portée judiciaire soient traités, qu'il s'agisse des actes imputables aux manifestants ou des plaintes déposées contre les gendarmes.

Des gens sont installés dans la ZAD depuis des années, plutôt des écolos sympathiques et assez inoffensifs. Mais des militants aguerris débarquent pour en découdre, les fameux black blocks, vêtus de tenues paramilitaires. Des affrontements d'une violence inouïe les opposent aux forces de l'ordre, ces dernières faisant preuve d'une maîtrise et d'un professionnalisme exemplaires. Des individus venus de toute l'Europe se rassemblent à Notre-Dame-des-Landes pour mener

1. Le 9 avril 2018, l'évacuation de la ZAD est ordonnée : 2 500 gendarmes sont mobilisés, 39 squats, rasés, 192 barricades, détruites et 49 zadistes, interpellés. De très violents affrontements opposent durant quatre jours une centaine de zadistes aux forces de l'ordre avec de véritables scènes de guerre. Une précédente opération avait échoué en 2012 (Christophe Jaunet, « Notre-Dame-des-Landes : il y a quatre ans l'évacuation de la ZAD débutait », *Ouest-France*, 9 avril 2022).

un combat hautement symbolique. Le groupement de gendarmerie se voit renforcé d'une soixantaine d'officiers de police judiciaire. Nous définissons ensemble un cadre d'intervention destiné à construire des procédures de qualité susceptibles d'apporter des éléments à charge devant un tribunal.

Ce système a bien fonctionné avec au demeurant relativement peu d'interpellations, les gendarmes étant mobilisés pour l'ordre public. L'opérationnel l'emporte. J'effectue un briefing avec le procureur général deux fois par jour, lui-même se chargeant d'informer le ministère qui nous apporte son soutien. Rémy Heitz, alors directeur de la DACG, est présent lors d'une grande réunion préparatoire. Il nous fournit un corpus documentaire répertoriant les principales infractions qui peuvent être commises lors d'un attroupement et qui nous sera fort utile au parquet de Nantes.

*

D'autres moments de trouble marquent cette période nantaise : la loi El Khomri, les Gilets jaunes. Pendant les trois ans et demi de mon passage dans ces lieux, une manifestation avec des éléments de violence se produit chaque semaine, ce qui constitue une charge supplémentaire au regard de contentieux pénal « normal ».

Nantes ne se résume pas à la violence. C'est une ville agréable, dynamique sur le plan économique, siège de nombreuses sociétés dans le secteur de la recherche et des hautes technologies. Mais il y a un revers de la médaille : une importante croissance démographique qui se traduit par un volet plus négatif de délinquance et de violence. Cela étant, on retrouve les mêmes problématiques à Bordeaux, Rennes ou Toulouse.

Je reste prudent sur l'affaire Steve qui a défrayé la chronique car elle n'est pas jugée. On connaît tous les faits, un jeune homme qui tombe dans la Loire et s'y noie à l'occasion de la fête de la Musique[1]. Les circonstances de l'intervention des policiers sur les quais du fleuve déclenchent une vive polémique médiatique. Le retentissement a été énorme. Je me souviens du Premier ministre Édouard Philippe s'exprimant en direct à la télévision sur cette affaire désormais soumise à une enquête de l'Inspection générale de l'administration (IGA).

Je m'interroge sur l'opportunité de conserver l'instruction de ce dossier, ainsi que de plusieurs enquêtes préliminaires, car le rapport de l'IGA met en cause des institutions avec lesquelles j'entretiens d'étroits rapports, comme la direction départementale de la sécurité publique, la préfecture ou la mairie de Nantes. Je me pose très rapidement la question de mon impartialité pour traiter ces procédures, raison pour laquelle, après

1. Quatorze personnes tombent dans la Loire à l'occasion d'une intervention policière dans la nuit du 20 au 21 juin 2019. Steve Maia Caniço, un étudiant de vingt-quatre ans, se noie. Son corps n'est retrouvé que cinq semaines plus tard. Le commissaire divisionnaire qui supervisait l'opération est mis en examen, ainsi que le préfet de Loire-Atlantique de l'époque et son directeur de cabinet. La mairie de Nantes et la métropole sont placées sous statut de témoin assisté (« Affaire Steve Maia Caniço : le jeune homme est bien tombé dans la Loire durant l'intervention policière », *Le Parisien* avec AFP, 17 juin 2021).

des échanges avec le procureur général, l'ensemble des affaires est transféré au parquet de Rennes.

*

Un événement lié au dossier Dupont de Ligonnès connaît en 2019 un emballement médiatique proche de l'hystérie collective[1] : un témoin aurait vu dans un vol Easy Jet pour Glasgow un passager qui ressemble au fugitif. Si je n'ai pas d'emprise sur le juge d'instruction dans la conduite de ses investigations, je gère les relations médias – seul le procureur communique aux termes de l'article 11 du Code de procédure pénale. Les radios, les chaînes d'information en continu s'enflamment ; je suis submergé par les appels de journalistes affamés qui n'ont qu'une requête : me faire confirmer qu'il s'agit de Dupont de Ligonnès. Or, je n'en sais rien.

En tant que professionnels du droit et de la procédure, je dois rester prudent en l'absence de procès-verbaux d'investigation et de confirmation ADN. Nous n'avons ni l'un ni l'autre. Au moment où l'information tombe, je me trouve dans un quartier sensible pour une affaire

1. Successivement *Le Parisien* puis l'AFP annoncent l'arrestation le 11 octobre 2019 à Glasgow de Dupont de Ligonnès. Il s'agit en réalité de Guy Joao, un ancien ouvrier de Renaud débarqué à Glasgow d'un vol Easy Jet. Pour des raisons obscures, les policiers de Scotland Yard ont affirmé à leurs homologues français, avant de le démentir plus tard, que l'empreinte de l'index gauche du suspect correspondait à celle de Xavier Dupont de Ligonnès, recherché depuis 2011 pour avoir assassiné à Nantes sa femme, ses quatre enfants et ses deux chiens avant de disparaître (Laurent Valdiguié, « Affaire du faux Xavier Dupont de Ligonnès : récit de 24 heures de fiasco et de ses raisons », *Marianne*, 21 octobre 2019).

de règlement de comptes. Le cadavre d'un jeune, tué de deux coups de fusil, gît au pied d'un immeuble.

Nous sommes dans l'urgence : il faut que les policiers se rendent au domicile français de l'interpellé avec l'ADN de Dupont de Ligonnès pour le comparer avec celui du suspect. Le doute nous habite, une photo reçue de Glasgow ne nous convainc guère sur la ressemblance. La soirée avance, on approche de 22 h 30. Les policiers nous expliquent que le suspect, interrogé par les Écossais, semble tomber des nues. La perquisition opérée à son domicile dans les Yvelines s'avère peu probante. Les voisins interrogés sont sidérés.

Je contacte l'AFP en lui demandant de diffuser un message appelant à faire preuve de la plus grande prudence tant que les investigations techniques ordonnées par la juge d'instruction n'auront pas confirmé qu'il s'agit de Dupont de Ligonnès. L'agence s'étant beaucoup avancée sur cette affaire, elle mettra plus d'une heure et demie à diffuser mon communiqué qui refroidit immédiatement les ardeurs médiatiques.

Nous établissons rapidement qu'il y a erreur sur la personne. Cet emballement généré par des fuites, cette gestion anormale du dossier m'ont profondément affecté. Que se serait-il passé si, sous l'effet de la pression, j'avais confirmé cette fausse information ? On peut ici évoquer la concurrence féroce de l'information en continu, de l'immédiateté sans filtre, et la précipitation des uns et des autres. Je me suis retrouvé immergé dans une sorte d'artisanat judiciaire, seul face aux médias, dans mon palais de justice, avec ma collègue juge d'instruction, subissant un stress terrible. Pour s'extraire de cette frénésie, il convient de trouver des interlocuteurs ayant la tête sur les épaules, des commissaires de la PJ, des enquêteurs. Ces gens d'expérience m'incitent à la prudence.

Je ne ferai pas de commentaires sur l'affaire elle-même, qui est en cours. Je noterai simplement que la dernière image extraite d'une caméra vidéo dans le Var montre Dupont de Ligonnès quittant un parking à pied avec un fusil dissimulé dans une housse. Depuis, aucune nouvelle…

Mon passage à Nantes aura décidément été marqué par la gestion d'affaires compliquées.

*

Me voilà désormais à Pontoise, un département contrasté possédant une zone rurale et un parc naturel régional. L'est de la zone compte quarante et un quartiers sensibles avec des communes comme Villiers-le-Bel, Sarcelles, Argenteuil, Gonesse. Je quitte Nantes un vendredi soir et le lundi matin, je débarque dans le Val-d'Oise. Face à moi, un nouveau contexte, une délinquance de cités avec des trafics de drogue, des règlements de comptes, des armes en quantité. Le secteur révèle un niveau de criminalité hors norme, le plus élevé de tout le ressort de la cour d'appel de Versailles. La plupart des homicides sont liés au trafic de stupéfiants et, plus singulier, de nombreux crimes à l'arme blanche sont commis au sein de la communauté pakistanaise.

Fort heureusement, je peux compter sur une large équipe composée d'une secrétaire générale, d'un chef de cabinet et de juristes assistants, mais aussi cinq procureurs adjoints hors hiérarchie, structure dont je ne disposais pas à Nantes et qui m'a cruellement fait défaut dans la gestion des affaires dont je viens de parler. Nous devons mener de front des politiques pénales à l'extérieur et assurer le cœur de notre métier qui comprend la Direction de la police judiciaire, la politique pénale, le parquet commercial, l'exécution des peines.

Le Val-d'Oise n'atteint pas pour autant l'intensité de Marseille. Nous livrons ici une bataille acharnée contre la drogue, avec la volonté de toucher toutes les semaines aux points de deal par des défèrements en comparution immédiate.

On ne peut régler le problème de la drogue en la légalisant. Ne pas s'interroger sur la consommation revient à ne pas s'attaquer aux trafics et vice versa. Le cannabis d'aujourd'hui n'a rien de commun avec le passé, l'aspect fumette récréative des années 1970 ayant cédé la place à une substance devenue quasiment une drogue dure. La teneur en produit hallucinogène particulièrement élevée induit des effets toxiques et des comportements qui mènent à la violence, au passage à l'acte.

La réforme de la police me préoccupe. J'ai toujours apprécié d'avoir un service très spécialisé capable de traiter les affaires du haut du spectre, comme la PJ, qui est habilitée à faire face à une criminalité organisée, des réseaux, des mafias, des trafics dépassant souvent largement le cadre départemental. Ici à Pontoise, on déborde fréquemment sur le « 9-3 », sur Paris, sur la Belgique, ce qui nécessite une capacité d'intervention avec des moyens spéciaux d'enquête comme les sonorisations ou les écoutes. Nous avons besoin d'un service capable de traiter cette forme de criminalité aux côtés d'un autre, à même de gérer la délinquance de voie publique, sujet qui préoccupe nos concitoyens.

*

Le projet de ramener l'activité de la PJ au sein d'un service départemental m'interpelle. Nous activions jusqu'ici des services différenciés, ce qui permet au procureur de faire appel aux enquêteurs qu'il estime les plus compétents au regard de la complexité de l'affaire. On nous garantit notamment, après les interventions de François Molins, du CSM, de la Conférence nationale des procureurs de la République, que les procureurs et les juges d'instruction conserveront la faculté de saisir le service de leur choix en fonction de la complexité de l'affaire. Nous verrons à l'usage.

Les procureurs ne lâcheront jamais les pouvoirs qu'ils détiennent de la loi et du Code de procédure pénale. J'appréhende que les moyens soient mobilisés à l'avenir en quasi-totalité vers la délinquance de voie publique. Trois niveaux de saisine différents sont envisagés dans la réforme en fonction de la complexité et de la gravité du dossier. Tel ou tel service sera activé par le filtre d'un directeur départemental de la police nationale, lui-même rattaché au préfet. Le procureur de la République devra clairement s'imposer et rappeler ses prérogatives : libre choix du service d'enquête, direction de la police judiciaire, action publique, opportunité des poursuites…

Une évolution interne à notre institution ne cesse d'étendre les compétences du procureur. Dans le même temps, l'Europe nous dénie la qualité d'autorité judiciaire indépendante[1]. Il faut trancher ce paradoxe.

Dans les faits, cela ne nous empêche nullement d'exercer notre mission. Récemment, nous avons été épinglés sur la question des données de connexion. Mais nous persistons à recueillir les fameuses « fadettes » par d'autres biais. Expliquez-moi comment travailler sur la disparition d'une fillette sans utiliser des données de connexion pour la retrouver. J'estime inconscient de remettre en cause un ministère public à la française qui a fait ses preuves. Il est assez remarquable qu'une autorité judiciaire pilote l'enquête. Dans d'autres pays, sa direction est confiée à la police qui, une fois le dossier bouclé, s'adresse au procureur pour poursuivre. Le ministère public français sert en outre de relais entre le juge et la société par le biais des relations nouées avec les élus ou le tissu associatif. Notre mission exige de mettre en œuvre une politique pénale dictée par l'État, par le biais de circulaires générales auxquelles nous devons nous conformer.

Sortir le parquet de l'institution judiciaire induit une perte d'efficacité considérable pour le politique. Un seul exemple : quand le garde des Sceaux demande

---

1. Dans un arrêt du 10 juillet 2008, la Grande Chambre de la Cour européenne de justice estime que le procureur de la République n'est pas une autorité judiciaire au sens de la jurisprudence européenne. Le contentieux porte sur le placement en garde à vue à Brest de marins d'un cargo soupçonné de transporter d'importantes quantités de drogue (*Dalloz actu étudiant*, 10 juillet 2010).

par circulaire de prendre en charge le suivi médical des mineurs victimes d'infractions, je contacte les directeurs d'hôpitaux, le préfet, le conseil départemental en vue de trouver des structures médicales adaptées et les financements. Les parquetiers disposent d'un savoir-faire pour adapter les politiques pénales aux particularités des ressorts. Si les parquets ne s'étaient pas investis en matière de violences conjugales, on en serait encore à tourner en rond. La gestion des plaintes, le mode de conduite des enquêtes, tout vient en cette matière des procureurs qui ont complètement revu leur logiciel.

Quand je me rends à Sarcelles, qui abrite une importante communauté juive avec des problèmes d'antisémitisme, quand je vais à Argenteuil, qui fait face à d'autres difficultés, je bâtis une politique pénale ancrée dans mon territoire grâce à mes échanges avec les maires, les pompiers, les bailleurs sociaux, les préfets. Je m'en nourris pour construire une politique pénale adaptée. Ces contacts extérieurs font la richesse de notre métier. Trop souvent, nos interlocuteurs méconnaissent la réalité judiciaire. Nous sommes le trait d'union entre la société, le peuple français et le juge. Le messager est un magistrat, qui dirige l'enquête en veillant à sa légalité, gardien des libertés individuelles, portant les mêmes principes déontologiques, les mêmes valeurs que celui qui s'apprête à juger. Il serait logique que nous suivions le même mode de nomination.

Pour en finir avec les querelles sur notre indépendance, je note que j'ai été nommé à Nantes par Christine Taubira, à Clermont par Nicolas Sarkozy et à Pontoise par Éric Dupond-Moretti. Comment parler ici de nomination politique ?

Aujourd'hui, la sécurité est devenue un sujet majeur du débat public. Je me rappelle qu'il y a trente ans, quand j'étais jeune substitut, peu se préoccupaient de savoir si on classait sans suite, si on incarcérait. Nous sommes aujourd'hui au cœur de tous les problèmes de la société, tenus à un devoir de loyauté dans la mise en œuvre de la politique pénale décidée par le pouvoir exécutif qui, lui-même, tient sa légitimité du suffrage universel mais en gardant notre indépendance, garantie par la loi, dans le traitement des affaires individuelles.

On pourrait imaginer un nouveau système où les procureurs, qui feraient fi de la mise en place des politiques générales, seraient soumis à une responsabilité déontologique devant le CSM, tout en bénéficiant du même processus de nomination que les magistrats du siège. On a failli y parvenir du temps de François Hollande. Une réforme constitutionnelle devait être examinée par le congrès en même temps que la loi sur la déchéance de nationalité, mais l'affaire Leonarda[1] s'en est mêlée. La réforme a été renvoyée aux calendes grecques. Mes jeunes collègues la verront peut-être un jour…

1. L'expulsion d'une famille rom vers le Kosovo en 2013, dont une jeune mineure interpellée à la sortie de l'école, provoque une crise gouvernementale sous la présidence Hollande.

Patrice Camberou : « Y a-t-il eu des pressions dans ce dossier ? »

Procureur général de Fort-de-France, Patrice Camberou suit un parcours professionnel qui le conduit souvent dans les îles pour y gérer des affaires sensibles. Ses passages en Corse et à Saint-Pierre de La Réunion en témoignent.

Nous sommes le 9 mai 2023, il est midi, je sors de mon entretien avec le CSM. J'ai préparé avec soin cette audition pour conforter ma demande de nomination aux fonctions de procureur général à Fort-de-France. La réponse tombe en fin de soirée : un avis favorable. Je suis très heureux. Me voilà désormais officiellement nommé à la Martinique.

D'ici quelques semaines, je ne serai plus procureur de Draguignan. Depuis presque dix-sept ans, je vis ce métier passionnant et exigeant. Un pincement au cœur m'envahit, une grande page se tourne. Je ne conduirai plus directement l'action publique avec tout ce que cela comporte de diversité, de missions de terrain, d'aspects opérationnels et de stratégies sans cesse renouvelées pour lutter contre la délinquance. Entré dans la magistrature par concours en 1992, je suis un « pur produit de l'ENM » ; j'en tire une certaine fierté car c'est une formation exigeante, ouverte sur la société et d'un excellent niveau. Les gens ignorent souvent la renommée de l'ENM à l'international. De nombreux pays s'en inspirent pour créer leur propre filière de formation des magistrats.

Le public méconnaît les missions du procureur, réduit le magistrat du parquet à un personnage borné et nécessairement à charge. Le procureur de la République met en œuvre l'action publique[1], ce qui implique de définir localement les orientations de poursuites en fonction de l'évolution de la délinquance. Si les trafics de stupéfiants augmentent dans un quartier, il crée un groupe de travail et sollicite ses substituts pour diligenter des poursuites plus sévères. Il lutte tout autant contre les violences conjugales, en développant des actions avec les associations d'aide aux victimes, que contre les infractions à la probité, les détournements de fonds publics, la délinquance routière ou les dépôts de déchets dans la nature. Il appartient donc au procureur de définir des axes très variés de la politique pénale, couvrant tous types d'infractions, de la simple contravention aux crimes les plus graves. Ce travail à haute responsabilité nous place en prise directe avec la société, subissant parfois les critiques de l'opinion publique nous jugeant trop laxistes pour les uns, trop sévères pour les autres. On nous reproche de ne pas assez incarcérer, ou au contraire d'abuser de la

1. Article 39-1 du Code de procédure pénale.

détention. Ce métier nécessite un grand sens de l'abnégation assorti d'une solide carapace.

Je perçois dans ma jeunesse la fonction de magistrat de façon approximative, celle du juge avec un grand J, quelqu'un de serein auquel on présente des situations compliquées, à l'image du juge des enfants incarné par une série télé sur le juge Patrick Véron[1]. J'aurai plus tard le plaisir de requérir à Draguignan devant ce collègue estimé qui exerce la fonction passionnante et ô combien difficile de président de la cour d'assises. Oserai-je lui dire un jour qu'il est l'une des personnes ayant suscité ma vocation pour ce métier ? Peut-être sera-t-il amusé de le lire ici. Je sais aujourd'hui que la magistrature comporte de nombreux métiers et de nombreux profils de magistrats.

Ma réussite au concours de l'ENM en 1992 ne me conduit pas *a priori* vers le parquet. Un stage juridictionnel à Perpignan me permet cependant de prendre conscience de la richesse et de la diversité des missions du ministère public. D'excellents maîtres de stage décrivent tant le caractère exposé de cette fonction que le stress généré par l'urgence. Confronté pour la première fois à la vision de la violence et de la mort, chauffé aux joutes avec les avocats en audience ou en cabinet, me voilà face à la brutalité des événements, à la nécessité de prendre de nombreuses décisions dans un court laps de temps, le tout sous l'œil critique des médias.

1. Philippe Boucher, Daniel Karlin et Tony Lainé, *Les Enfants du juge Véron*, France 2, novembre 1992.

Le choix de ma première affectation s'explique par l'envie d'exercer dans un contexte atypique. La Corse, île d'où mon épouse, magistrate comme moi, est originaire. J'ai parfaitement conscience que cette destination n'est pas comme les autres, l'avenir me le confirmera. Je suis nommé pour un premier poste de « juge placé[1] » dans des fonctions civiles au tribunal d'instance de Sartène et de Porto Vecchio. Alors que je dois prendre mes fonctions le lendemain, j'apprends que le tribunal a sauté et qu'il faudra le reconstruire[2]. Je siège souvent comme assesseur aux assises ou en correctionnelle et parfois les audiences sont houleuses. Nous sommes pris à partie par certains avocats nationalistes, parfois exfiltrés pour ne pas être agressés par le public après un verdict contesté aux assises.

*

Ma nomination en tant que juge d'instruction à Ajaccio confirme mon appétence pour l'enquête pénale, l'élucidation d'affaires complexes et de divers assassinats non résolus, notamment d'hommes politiques connus dans les années 1990, comme celui de Lucien Tirroloni, président de la chambre d'agriculture de Corse du Sud, le 21 décembre 1990. Ces *cold cases* me motivent au quotidien, m'initiant au travail d'investigation.

1. C'est-à-dire juge affecté pour quelques semaines ou quelques mois au remplacement de collègues en congé maladie, ou congé de maternité, ou encore en cas de vacance de poste – cf. Jean-Michel Verne, *Juges en Corse*, Paris, Robert Laffont, 2019.

2. Le tribunal sera plastiqué lors de mes premiers jours de prise de fonction.

Certaines situations de pression vécues en Corse me confortent dans l'idée de demeurer au siège afin de conserver mon indépendance. Je relève la pression exercée sur le parquet durant cette époque troublée de guerres fratricides entre clans nationalistes sur fond de négociations opaques et secrètes avec l'État[1]. Les décisions de poursuivre ou non pour des infractions caractérisées semblent prises en fonction de la personnalité des nationalistes mis en cause, sur des critères plus politiques que juridiques. C'est ce que je ressens même si je ne suis pas dans la confidence.

En salle du conseil, quelques minutes avant une audience correctionnelle à Ajaccio, une collègue substitute a manifestement reçu des instructions pour requérir une peine de sursis en matière de port d'arme alors que les orientations habituelles conduisent à infliger de la prison ferme. Mais l'heure est à la négociation avec certains groupes nationalistes. « Il faut lever le pied », me dit-elle avec gêne.

Fort heureusement, lors de l'arrivée du nouveau procureur Jacques Dallest et de son équipe, je constate avec satisfaction que les temps changent, que le parquet résiste courageusement aux pressions, ce qui conforte l'idée que l'impartialité peut exister chez les magistrats du ministère public.

En avril 1998, je suis affecté à une fonction pénale à temps plein, ce qui me conduit à instruire l'affaire des paillotes qui, compte tenu de son retentissement,

1. Christophe Bouquet, *Mafia et République*, Arte, 2017.

constitue un moment clef de ma carrière de magistrat[1]. Durant cette période sensible et risquée à tous points de vue, je peux compter sur la cosaisine de deux collègues juges d'instruction[2], tout en tissant des relations constructives avec le parquet d'Ajaccio et le parquet général.

Nous plongeons par ailleurs dans les dossiers du crime organisé, fortement liés au nationalisme, dont une affaire d'association de malfaiteurs dans laquelle les principaux membres de la Brise de mer[3] sont incarcérés. Ce contexte, comme celui de l'affaire des paillotes, me vaut une protection policière pendant plusieurs mois. Je n'ai jamais subi une telle pression de toute ma vie.

Affairé depuis trois ans à des dossiers touchant au grand banditisme et défrayant parfois la chronique, je ressens pourtant une lassitude dans mon métier de juge d'instruction : trop de tâches administratives, un manque d'action, de diversité dans mon travail. Paradoxalement, plus tard, je me sentirai beaucoup plus libre dans des fonctions de parquetier que dans celles

1. Patrice Camberou instruit le dossier qui conduit à la mise en examen et à la condamnation du préfet Bernard Bonnet pour son implication dans l'incendie criminel de la Paillote Chez Francis à Ajaccio. Le préfet de région, son directeur de cabinet, le colonel commandant la région de gendarmerie de Corse et cinq gendarmes sont incarcérés et jugés par la suite pour l'incendie volontaire de deux restaurants de plage en mars et avril 1999. Lire à ce sujet son témoignage dans Jean-Michel Verne, *Juges en Corse, op. cit.*

2. Jean Garry et Christophe Latil.

3. Du nom d'un ancien bar du port de Bastia où cette équipe de braqueurs avait coutume de se retrouver dans les années 1980. La bande devient au fil des années une véritable organisation criminelle.

de magistrat instructeur, corseté dans les procédures, les délais, englué dans un carcan administratif.

Le parquet se révèle à moi, malgré mes réticences initiales. L'engagement dans la vie de la société produit du sens, me satisfait beaucoup plus que la position de magistrat du siège. Je comprends, aux côtés de mes collègues, que l'action du ministère public n'a de sens qu'en sanctuarisant et en respectant avec rigueur les fondamentaux de la fonction de magistrat, principalement l'objectivité et l'impartialité. Ma résolution est prise, je serai désormais magistrat du ministère public.

*

Je découvre le quotidien de procureur lorsque je reçois mes fonctions de substitut à Saint-Pierre de La Réunion en septembre 2002. La prise de parole à l'audience m'effraie un peu, mais l'exercice s'avère aussi exigeant que passionnant. Il nous appartient de convaincre pour permettre au juge de trancher le litige, tâche exigeante sur le plan juridique.

Dans son travail quotidien, devant son courrier ou au téléphone avec les officiers de police judiciaire, le parquetier est confronté à une multitude de choix en termes de réponse pénale. Déférer une personne devant la justice dans le cadre de la permanence pénale est une décision grave et relève souvent d'une course contre la montre. Le procureur encaisse des remarques à l'audience : « dossier incomplet » ou « bâclé », alors qu'il s'agit d'un travail très complexe. Une simple journée à la permanence pénale permet à n'importe quel esprit critique de mesurer la technicité requise : il faut récolter de multiples éléments auprès d'associations et de services d'enquête sociale pour recueillir les antécédents du mis en cause, répondre à des dizaines d'appels pour s'assurer du déferement du suspect en présence de son avocat…

Tout mon parcours, d'auditeur à substitut, puis de substitut à procureur, ouvre sur cette liberté dans l'action de celui auquel on donne une page blanche, un code et des principes à respecter : le respect de la présomption d'innocence, des droits de la défense. Et cela, dans une totale impartialité[1]. Je demeure viscéralement attaché à ces principes qui ne sont pas propres aux fonctions du juge du siège, mais partagés par tous les magistrats du ministère public français. Les parquetiers souhaitent aujourd'hui que leur statut, au regard du recrutement et de la discipline, soit calqué sur celui des magistrats du siège pour affirmer avec encore plus de force cette unité et cette indépendance.

Le parquet français joue en effet un rôle central dans la procédure pénale en prenant la quasi-totalité des décisions de poursuites. Placé comme premier magistrat du procès pénal sur l'échiquier de la procédure, il est libre de poursuivre, d'ordonner une alternative par le biais d'un stage ou d'une mesure de médiation ou de réparation. Libre aussi de classer sans suite.

1. L'article 30 du Code de procédure pénale prévoit que le ministère public exerce l'action publique et requiert l'application de la loi, dans le respect du principe d'impartialité auquel il est tenu.

Aujourd'hui pèse sur les décisions de justice l'œil vigilant des médias et des réseaux sociaux, capables de mettre instantanément en lumière des décisions prises dans les affaires les plus sensibles.

Me revient ainsi en mémoire un souvenir un brin amer de l'un de mes premiers dossiers de probité à Saint-Pierre de La Réunion. Une affaire très politique, à la suite d'une dénonciation anonyme, procédé habituel pour déclencher l'action publique dans ce domaine. La lettre de dénonciation mettait en cause le maire d'une commune locale qui détournait des fonds publics en employant fictivement une dizaine de personnes. L'élu concerné se vantait devant les enquêteurs de connaître des personnes influentes, affirmait avec mépris disposer d'appuis haut placés, menaçait enfin de régler ses comptes avec les gendarmes qui l'interrogeaient.

Dans ce climat, il convient d'ouvrir sur-le-champ une information judiciaire pour agir en toute impartialité et conduire l'enquête sans interférence. Face au risque de disparition de preuves, notamment des pièces comptables, un contrôle judiciaire n'est guère envisageable. La détention provisoire s'impose. La perquisition a confirmé mes craintes, révélant de sérieuses anomalies concernant la gestion de fonds publics, d'où la nécessité de protéger les preuves au plus vite en ouvrant une instruction suivie de la mise en examen et du placement en détention du mis en cause.

Mais je déchante de retour de vacances d'été en métropole en apprenant que l'élu a été remis en liberté à sa demande, quinze jours après son incarcération, avant même l'audition par le juge d'instruction et le retour des autres actes d'enquête. Mon parquet n'a pas fait appel. Que s'est-il vraiment passé en mon absence ? Y a-t-il eu des pressions dans ce dossier qui, malgré tout, a abouti à une condamnation ? Je n'en saurai jamais rien. Avec la caisse de résonance des médias, des réseaux sociaux, de telles situations sont de moins en moins fréquentes aujourd'hui. Mais ce dossier constitue l'exception, dans la mesure où j'ai toujours ressenti une grande liberté d'action, y compris dans des affaires sensibles.

*

J'occupe par la suite un poste de chargé de mission au ministère de la Justice, agissant dans le cadre du Réseau judiciaire européen, en lien avec des enquêtes internationales, et surtout une aide à la mise en œuvre de mandats d'arrêt européen, d'où de nombreux déplacements marqués par des relations privilégiées avec beaucoup de collègues étrangers.

Recruté plus tard dans le cabinet du garde des Sceaux, Pascal Clément, je suis chargé de l'aide aux victimes et du suivi des affaires pénales. Cette période de cabinet ministériel me met en contact avec les familles de victimes dans des affaires sensibles, celle des tueurs en série Émile Louis, Francis Heaulme, Guy Georges. Je supervise également l'aide ministérielle aux victimes des catastrophes de Charm El Cheik, du tunnel du Mont-Blanc, du crash du Mont-Saint-Odile et de Maracaïbo. Il est impossible, pour qui que ce soit, de mesurer la souffrance humaine, de se montrer suffisamment à l'écoute des victimes, mais je suis frappé par la force mentale des familles endeuillées. Certaines personnes trouvent une énergie phénoménale pour œuvrer en faveur d'autres victimes, dans le seul but d'aider à mettre en place des outils de prévention de ces drames, alors qu'elles sont elles-mêmes dévastées par la peine.

Le ministère me demande également de piloter la mise en place du dispositif de l'Alerte enlèvement, lancé pour la première fois de façon empirique au mois d'août 2005 à la suite de l'enlèvement de la petite Aurélia. Je mesure, dans le cadre du débriefing avec la procureure qui s'occupe du dossier[1], la dose de courage nécessaire au chef de parquet pour lancer cette mesure et résister à la prévisible exposition médiatique. Une convention nationale est lancée en grande pompe au cabinet du ministre en février 2006 devant tous les directeurs de cabinet des ministères régaliens, le CSA alors présidé par Dominique Baudis, Jean-Pierre Elkabbach, et le ministre de la Justice, Pascal Clément.

Cette période me conforte dans mon choix de carrière de procureur de la République, exaucé fin 2006, lors de ma nomination à Saint-Pierre de La Réunion. Il m'a fallu prouver ma légitimité à ce poste au cours d'une mémorable audition au CSM. Je sais parfaitement que plusieurs membres du conseil seront réticents à ma prise de poste compte tenu de ma faible ancienneté au parquet. Une pression maximale pèse sur mes épaules,

1. Brigitte Angibaud était procureure d'Angers chargée de ce dossier et c'est elle qui mettra en œuvre pour la première fois cette procédure d'alerte. Aurélia est séquestrée en novembre 2005 à Jallais (Maine-et-Loire).

d'autant que Pascal Clément m'a certifié qu'il ne passerait pas outre un avis défavorable du conseil[1].

De fait, je suis pas mal chahuté, mais, finalement, le CSM me fait savoir qu'il valide ma nomination. Ma compagne se trouve toujours en métropole, en poste à la DACG. « Célibataire géographique » pendant les six premiers mois dans l'autre hémisphère, je me concentre sur mes nouvelles fonctions.

*

L'affaire touchant l'ancien maire de Saint-Pierre m'attend. C'est un dossier de marchés publics de quarante tomes qu'il faut digérer en un temps record, sorte de formation accélérée d'un bon procureur immergé dans un contexte particulier : un parquet à quatre, dont deux magistrats remplaçants affectés à Saint-Denis, ville située à 80 kilomètres de Saint-Pierre… Le procureur participe à toutes les tâches juridictionnelles, se rend disponible pour les réunions du parquet général, assume avec le président du tribunal les attributions administratives de la fonction. Une excellente collaboration avec ce dernier m'initie à la connaissance des mécanismes administratifs et budgétaires.

Ce petit parquet du groupe 3[2] croule sous les dossiers. Je reçois le soutien d'un vice-procureur devenu un

1. Le CSM, au regard de l'article 65 du statut de la magistrature, émet encore aujourd'hui un simple avis qui ne lie pas la décision du ministre, mais la position de tous les ministres de la Justice depuis 2007 est de ne jamais passer outre l'avis du CSM.

2. Les juridictions sont classées administrativement en fonction de leur volume d'activité en quatre groupes, le groupe 1 étant celui des onze plus grosses structures (Paris, Bobigny, Lyon, Marseille…).

ami, Georges Gardie, un vrai « grognard des parquets ». Cet ancien professeur d'espagnol, d'une loyauté indéfectible, a aussi un passé dans l'hôtellerie. Certes, dans l'arrière-cour résonne toujours cette petite musique de fond : « Qui t'a fait procureur ? » mais je m'accroche.

Un autre dossier de marchés publics frauduleux est ouvert depuis peu dans le cabinet du juge d'instruction Pierre Kuentz, l'une des affaires de probité les plus sensibles des dix années écoulées. Pierre Kuentz est un magistrat solide qui inspire confiance. Dans le même temps trônent toujours sur mon bureau des dizaines de tomes de l'autre dossier visant l'ancienne mairie, ce qui implique de travailler douze heures par jour, sans relâche ni week-end pendant plus de six mois. Le dossier fort ancien me contraint à un exercice d'archéologie judiciaire.

S'ajoute la permanence de jour et de nuit, avec le constat que notre organisation du traitement des urgences fonctionne de façon trop artisanale. Le parquetier est seul dans son bureau ; il reçoit les appels des enquêteurs de tout le ressort, ce qui l'amène à interrompre son travail sur les dossiers pour gérer un défèrement en présence de l'avocat du mis en cause, puis il requiert dans la foulée une audience de comparution immédiate. Il lui appartient de consigner tous les événements de la journée dans un gros cahier cartonné et relié à l'ancienne, sans moyens de tracer réellement une procédure ou d'effectuer des recoupements avec des dossiers déjà traités mettant en cause la même personne.

Le traitement des procédures « en temps réel », c'est-à-dire l'appel direct des enquêteurs au parquetier de permanence, ne sera généralisé qu'à la fin des années 1980. En lien avec d'autres procureurs férus de nouvelles technologies, je me lance dans la conception d'une permanence informatisée[1]. J'essuie évidemment des critiques sur le registre assez classique du : « On a toujours fait comme ça » ou : « L'informatique, c'est pas fiable, ça peut planter », mais je m'acharne. Le parquet de Saint-Pierre se renforce. J'ai désormais, outre mon vieux grognard, d'excellents magistrats qui vont constituer ma *dream team*[2].

Confronté très vite au manque de probité de certains élus locaux, je m'exhorte à la prudence, entretenant peu de relations avec les maires, sauf dans les cérémonies publiques ou les réunions de prévention de la délinquance. Le dossier de la Civis[3] monte en puissance. Une sale rumeur commence à circuler : habitant dans la même rue que le maire de Saint-Pierre, je prendrais tous les matins le café avec lui et serais donc susceptible d'étouffer l'affaire. À La Réunion, une expression décrit parfaitement la rumeur publique, c'est le « la di la fé ». Je me tiens à bonne distance des journalistes

1. Notamment Pascal Prache, Alexandre De Bosschere, Éric Vaillant, mais le premier parquet préfigurateur des logiciels métiers est celui de Créteil.

2. Raphaël Balland, actuel procureur de Béziers, Michaël Giraudet, procureur de Coutance, François Thévenot, avocat général à Bastia, Mathieu Saunier-Dufour, magistrat en fonction à l'ENM, Sami Ben Hadj Yahia, président de la chambre d'instruction de Rennes, Hélène Bigot, présidente du tribunal judiciaire de Chambéry.

3. Une enquête préliminaire est ouverte en mai 2006 au sujet de plusieurs marchés publics concédés par cette collectivité sur fond de soupçons de prise illégale d'intérêts, favoritisme et corruption.

– probablement une erreur tactique –, laissant ainsi le champ libre aux mauvaises langues.

L'affaire des marchés publics de Saint-Pierre est confiée à Raphaël Balland, vice-procureur, magistrat avec lequel j'ai monté le plan Alerte enlèvement à la chancellerie[1]. C'est un juriste chevronné, arrivant du prestigieux bureau de lutte contre la criminalité organisée, l'un des plus sensibles de la DACG. Mémoire d'éléphant et nerfs d'acier, il mène ce dossier de main de maître, malgré les tentatives de déstabilisation fort médiatisées des avocats.

De mon côté, j'ai dû avaler quelques couleuvres dans le vieux dossier de la mairie de Saint-Pierre, mal ficelé, trop ancien, pour lequel je me vois contraint de requérir une relaxe générale. Il est décidé qu'à l'avenir, pour les prochaines affaires dites « écofi et probité », ce collègue sera le référent exclusif, et que nous formerons nous-mêmes les enquêteurs dédiés à ces contentieux. De nouveaux échanges avec la chambre régionale des comptes visent en outre à opérer des contrôles ponctuels en vue de bâtir les nouvelles procédures sur de solides fondations.

Ces six années passées à la tête du parquet de Saint-Pierre m'auront tout appris du métier de procureur.

*

1. Myriam Quéméner, avocate générale à Paris et ancienne sous-directrice de la DACG, pilotait le projet pour sa direction. François Capin-Dulhoste, chef de bureau à l'époque et actuel procureur de Nancy était lui aussi dans le projet.

Il est temps de rejoindre le parquet d'Angoulême en 2012, près de ma ville natale, Bordeaux.

La Charente m'amène à traiter en direct avec le préfet, son secrétaire général et son directeur de cabinet. J'admire cette capacité qu'ont les sous-préfets et les préfets à basculer d'un sujet à l'autre, à enchaîner des prises de décision déterminantes avec beaucoup de sang-froid, ce qui fait nécessairement écho à l'aspect opérationnel des fonctions de procureur.

Le président du tribunal n'est autre que l'actuel président du tribunal judiciaire de Lyon, Michaël Janas, avec lequel je tisse une relation à la fois riche professionnellement et amicale. Nous partageons une vision de la justice[1] : nous recherchons dans la cité tous les leviers possibles pour mettre en valeur notre institution et les gens qui la font vivre. Nous participons au festival de la bande dessinée et à celui du film francophone. Le tribunal crée une exposition qui tourne par la suite dans de nombreux sites judiciaires en France : « Au nom de la loi » met en scène de grandes planches de BD en rapport avec la justice. Durant le festival de la gastronomie d'Angoulême, les Gastronomades, nous invitons le chef Thierry Marx à cuisiner dans la salle des pas perdus du tribunal avec, pour commis, un détenu bénéficiant d'une permission de sortie. Au menu, ce qu'un détenu peut confectionner dans sa cellule avec peu de matériel : « bouillon de coque » et « œufs sauce Mornay ».

1. J'ai eu la chance de travailler aussi avec Alain Lienard et Philippe Cavalerie, premier président actuel de la cour d'appel de Basse-Terre et bien entendu Nathalie Fèvre, mon actuelle présidente à Draguignan.

Les caméras des chaînes locales et nationales captent l'émotion d'un délinquant multirécidiviste confiant, la larme à l'œil, qu'il vit l'un des plus beaux moments de sa vie.

Notre « commission rayonnement » organise de nombreux projets (tables rondes avec des auteurs de BD, des cinéastes, conférences, concours de plaidoiries, expositions…), ce qui nous vaut la remise du prix initiative justice en 2013 des mains de la garde des Sceaux, Christiane Taubira, et du prix acteurs public remis par Claude Bartolone à l'Assemblée nationale en 2014.

*

Je quitte prématurément mes fonctions de procureur à Angoulême en décembre 2014 pour rejoindre Madagascar où m'attend un poste d'expert technique et de conseiller du ministre de la Justice de ce pays extraordinaire. Direction Tananarive en janvier 2015 avec, dans mes bagages, un fonds de solidarité d'un montant de 800 000 euros destiné à apporter du matériel et un appui à la formation, tout en participant à un travail législatif sur l'antiterrorisme, l'entraide et la saisie des avoirs criminels, et à la lutte anticorruption. Vaste programme quand on connaît le niveau de corruption local. Après de multiples missions en région, je quitte mes fonctions à regret pour des raisons de santé.

Retrouver un poste de procureur à Draguignan en janvier 2019 me comble. Dès mon arrivée, me voilà confronté au crime organisé et à deux suspects affiliés à la Brise de mer[1], dont la Jirs de Marseille se saisit par la suite. Ce dossier permet de prendre la mesure de la dimension du racket opéré dans les établissements de plage de la Côte d'Azur.

Quelques jours plus tard, un individu est retrouvé carbonisé dans son véhicule sur le ressort de Draguignan[2]. Mon adjoint Pierre Arpaia, actuellement avocat général à la cour d'appel d'Aix-en-Provence et un parquetier chevronné, installé de longue date dans la région et fin connaisseur du milieu varois, m'affranchit du contexte local et me renvoie aux archives de la cour d'assises où dort une vieille copie du réquisitoire définitif de l'affaire Yann Piat[3]. Cinq dossiers graves sont confiés à la Jirs de Marseille dès ma première année de fonction, ce qui témoigne du poids de la criminalité organisée sur place. Il ne faut pas non plus oublier que le volet français de l'affaire dite Air Cocaïne[4] commence

1. La Brise de mer, l'une des plus puissantes organisations criminelles corses, a pris naissance dans les années 1980. D'abord concentrée sur l'île de Beauté, elle a par la suite étendu son emprise dans le midi de la France et bien au-delà.

2. Le 25 février 2019, le corps d'une figure du milieu cannois, Thierry Fornasari, est retrouvé criblé de balles dans son véhicule sur la commune de Tanneron (V.G., « Thierry Fornasari, figure du grand banditisme en fuite, retrouvé mort par balle », *Le Parisien*, 8 mars 2019).

3. Le 25 février 1994, la députée de la troisième circonscription du Var est assassinée à bord de sa voiture en regagnant son domicile sur les hauteurs d'Hyères. De jeunes tueurs surnommés les « bébés killers » seront par la suite condamnés aux assises ainsi que le commanditaire, le patron de bar Gérard Finale, lié au clan du caïd Jean-Louis Fargette. De nombreuses interrogations entourent cependant cette affaire, notamment sur la possible commandite politique de l'assassinat.

4. Le déchargement d'une dizaine de valises suspectes à l'aéroport de La Môle en 2012 est au cœur du volet français de cette affaire.

pour le parquet de Draguignan. Pas un mois ne se passe sans que l'on intercepte sur l'autoroute des chargements de plusieurs centaines de kilos de résine de cannabis ou des véhicules transportant jusqu'à 500 000 euros en argent liquide.

La présence de la 'Ndrangheta[1] dans le paysage criminel de la région Paca complète ce tableau. Si ces dossiers relèvent de la Jirs en raison de leur complexité, nous conservons à Draguignan l'instruction de réseaux de drogue importants, à l'image de celui de la plaine Grimaud, où trente personnes ont été jugées en 2021, dont vingt et une détenues. Ce type de trafic met fréquemment en scène des étrangers en situation irrégulière, convertis en revendeurs de drogue, contrôlés par des trafiquants bien implantés, étant eux-mêmes victimes de marchands de sommeil qui les poussent à vivre dans des conditions indignes.

Énormément de gens sont jugés ici pour usage de stupéfiants, avec des peines souvent très lourdes. À ceux qui accusent la justice de laxisme, on peut rétorquer que notre juridiction a prononcé 13 % de peines d'emprisonnement de plus entre 2021 et 2022. Autre chiffre marquant : nous avons infligé en 2021 cent années de prison uniquement en matière de violences intrafamiliales ! Triste record.

Le tribunal de Draguignan couvre 76 % du ressort du Var avec la difficulté de travailler sur certains établissements de la côte, mais également d'opérer sur certains

1. La 'Ndrangheta, surnom de la mafia calabraise, est considérée aujourd'hui comme la plus puissante des organisations criminelles italiennes.

yachts qui, nous le savons, recèlent de potentielles infractions à la législation sur les stupéfiants ou sur la traite des êtres humains. Un pôle « crime organisé » de trois personnes est mobilisé en permanence dans mon parquet. Malgré nos succès en matière de trafic de stupéfiants, les réseaux se reconstituent très vite, ce qui témoigne de notre insuffisance de moyens pour lutter durablement contre ce fléau.

L'autre point noir demeure le domaine économique et financier, toujours faute d'effectifs de magistrats et d'enquêteurs. Depuis des décennies, de multiples opérations immobilières douteuses passent sous les radars judiciaires, tout comme des marchés publics « orientés » ou des prises illégales d'intérêts mettant en cause des collectivités et des promoteurs en raison des failles du contrôle de légalité mené par la préfecture. Destinataires d'inquiétants rapports d'audit de la chambre régionale des comptes sur certaines collectivités, nous n'avons pas la capacité d'enquêter sur tous les signalements.

Nous parvenons cependant à sortir quelques dossiers de probité ou d'environnement. En témoignent nos saisies d'avoirs criminels d'un montant record pour un parquet comme le nôtre en 2021 – presque 30 millions d'euros. Nous souhaiterions davantage de moyens, comme la mise à disposition d'une véritable brigade dédiée, à l'image de la Guardia di Finanza italienne ; l'octroi d'enquêteurs, de juristes et d'assistants spécialisés.

Les trafics de déchets sont tout aussi importants dans le Var. Une myriade de petits dossiers de dépôts illégaux dans le secteur du BTP s'amasse sur mon bureau. Décision est prise d'installer un groupe de travail opérationnel, le Groupe de lutte antidéchets. Nous recensons, notamment grâce à des moyens aériens, des lieux où certaines entreprises déversent des déchets dans la nature *via* des intermédiaires. Ce scandale environnemental est révélé courant 2020. Un recoupement d'informations nous conduit à des entreprises régionales qui s'adjoignent les services de personnes parfois liées au banditisme, certaines connues pour trafic de stups, et détournent les aides que l'État octroie pour la destruction légale de ces déchets.

Il s'agit là d'un délit bien organisé qui pollue la nature de façon dramatique et durable. Le mode opératoire s'appuie notamment sur des annonces passées sur Internet par des particuliers à la recherche de remblais. Les relais mafieux prennent alors contact avec eux pour déverser sur leur terrain une quantité colossale de déchets souvent polluants.

Prenons l'exemple de l'entrepreneur adjudicataire du marché de destruction d'un bâtiment public, d'une poste ou d'une école dans une grande ville. Il fait appel à un tiers véreux qui récolte une somme pour chaque camion de déchets. Jusqu'à 500 convois répertoriés pour une seule et même parcelle, chaque camion étant payé 60 euros. L'adjudicataire empoche les aides. La remise en état des terrains est souvent aléatoire car trop coûteuse. Un grand procès s'est tenu en 2021, avec condamnations en première instance à de la prison ferme, des amendes de plusieurs centaines de milliers d'euros, jugement assorti de la remise en état des terrains[1].

Au risque d'en décevoir certains, je n'ai pas subi de pressions dans mon travail dans le Sud-Est. Ces dossiers de trafic et de criminalité organisée ont un revers de la médaille : ils occupent le quotidien des parquets locaux avec d'autres faits graves rendant indispensable le recours aux procédures les plus sévères. Les comparutions immédiates augmenteront de 30 % en deux ans !

*

L'heure est venue pour moi de rejoindre la cour d'appel de Fort-de-France pour assumer de nouvelles responsabilités de procureur général. Je suis fier d'avoir servi le ministère public de première instance et de voir l'investissement des magistrats du parquet que j'ai eus sous mon autorité. J'espère que les futures générations de procureurs disposeront de moyens dignes de la conduite d'une action publique moderne et adaptée à notre société.

J'ai vu évoluer durant ces vingt ans le métier de procureur. Certains pensent que nous sommes inféodés à l'exécutif auprès duquel nous prenons des instructions pour les appliquer sans recul ni réflexion. La réalité est bien moins caricaturale. Le parquet, certes dans une organisation hiérarchisée, exprime avec force des valeurs qui prennent leurs racines dans les principes

1. E.M., « À Draguignan, la mafia des déchets condamnée à réparer les sites défigurés », *Var-Matin*, 14 décembre 2021.

fondamentaux de défense et de respect des libertés individuelles, ce qui explique notre créativité dans la diversification des réponses pénales. Nous sommes présents sur le front de la prévention de la délinquance, présents au cœur de la cité aux côtés d'élus et d'associations pour trouver des solutions modernes aux maux de notre société. S'il est vrai que les procureurs se voient assigner de plus en plus de missions, frisant parfois l'obligation de résultat, leurs marges de manœuvre demeurent larges et leur impartialité, fréquemment démontrée lors de prises de parole au cours d'audiences sur des affaires à haut risque.

Les procureurs ne souhaitent pas se voir conférer plus de pouvoirs, mais plutôt que l'on repense leur positionnement en leur restituant ce rôle de pacificateurs de la société. C'est un bien grand mot peut-être, mais ce discours tranche avec la vision dépassée d'un simple gestionnaire de stocks d'enquêtes à qui l'on assigne de multiples missions et soumis à une évaluation de résultats tout aussi absurde qu'écrasante. Un fait divers survient ? Tout le monde le rend responsable de ne pas avoir effectué son travail. C'est oublier que les parquets ainsi que les enquêteurs de police et de gendarmerie sont submergés.

La question des outils est tout aussi essentielle. J'ai connu, en trente ans, de nombreuses réformes du Code de procédure pénale. Elles visaient parfois à renforcer les pouvoirs du parquet, parfois à mieux les encadrer. Ce mouvement de balancier témoigne d'une conception du ministère public à géométrie variable selon les époques et les gouvernements. Nous attendons une nouvelle réforme dont les contours sont déjà connus à l'heure où j'écris ces lignes. Gageons qu'elle simplifiera le droit procédural actuellement englué dans un maquis impénétrable de textes que les pénalistes ont de plus en plus de difficultés à appréhender.

Il convient avant tout de clarifier le statut du parquet pour répondre aux standards des instances européennes et de notre Cour suprême. Celui-ci doit s'aligner sur les magistrats du siège quant aux modalités de leur nomination et de la procédure disciplinaire appliquée. Bien évidemment, cela ne suffira pas au regard des dernières jurisprudences[1], mais l'impartialité des magistrats du ministère public sera, de fait, moins contestée.

S'appuyer sur le ministère public sans le craindre ni le stigmatiser, le placer au centre de la lutte contre la délinquance réclamera plus que jamais une évolution des mentalités dans une société fortement clivée. Y parvenir offrira probablement à notre démocratie un levier puissant, source de stabilité et de paix sociale.

1. Référence aux décisions de la Cour de cassation, 12 juillet 2022, en matière de données de connexion.

Christophe Barret : « On comprend que l'enquête sera longue et complexe »

Procureur général à Grenoble, Christophe Barret gère au cours de sa carrière de magistrat de lourds dossiers dont celui, emblématique, de Jean-Claude Romand qui a tué toute sa famille un jour de 1993.

Je me souviens très bien de mon arrivée à Bordeaux en 1988, au volant de ma petite voiture, pour suivre cette extraordinaire formation de l'ENM qui permet aux futurs magistrats de côtoyer toutes les professions avec lesquelles ils seront amenés à collaborer : les gendarmes, la police, l'administration pénitentiaire – où ils portent même l'uniforme de gardien pendant quinze jours pour gérer les détenus –, les avocats, les huissiers. Au cours des stages en juridiction, ce sont les fonctions de juge d'instruction qui m'ont attiré, marquées avant tout par ces relations humaines si particulières avec celui que l'on appelle à l'époque l'« inculpé », avec les enquêteurs, les experts, les avocats. Jacques Dallest, mon maître de stage, souligne qu'il ne faut jamais oublier que l'on exerce un « métier ». On le pratique souvent passionnément, mais il convient de conserver de la distance, une approche professionnelle, de rester conscient de l'influence possible de nos émotions qui ne peuvent prendre le pas sur nos décisions.

Me voilà donc juge d'instruction à Bourg-en-Bresse au début de l'année 1990 quand survient, trois ans plus tard, un dossier retentissant : l'affaire Jean-Claude Romand, celui que des médias appelleront le « faux médecin ». Très tôt un matin de janvier, un incendie se déclare dans une maison de Prévessin-Moëns, petite commune située tout près de la frontière suisse. Les sauveteurs découvrent sur place Jean-Claude Romand, vivant mais blessé et inconscient, ainsi que les corps sans vie de sa femme et de leurs deux enfants. La fillette et son frère ont été tués par balles, l'épouse, Florence, par des coups portés à la tête.

D'emblée, on comprend que l'enquête sera longue et complexe : en effet, on découvre petit à petit que la vie professionnelle que Romand prétendait mener en Suisse comme médecin chercheur à l'Organisation mondiale de la santé (OMS) n'a jamais existé. Même son parcours d'étudiant est faux (il a bien réussi sa première année de médecine, mais jamais la deuxième). Pendant dix-huit ans, il a menti à tous, et d'abord à ses proches, ses parents, sa femme, ses enfants, ses amis. Gravement brûlé dans l'incendie de sa maison, c'est donc à l'hôpital qu'il est inculpé en raison du caractère peu crédible de ses premières dénégations. D'autres interrogatoires se dérouleront dans une unité hospitalière spéciale pour détenus, où il finira par reconnaître être le seul auteur de ces crimes.

Romand admet aussi avoir tué ses parents, dont les corps ont été découverts à leur domicile de Clairvaux-les-Lacs, dans le Jura, à près de 100 kilomètres de là, en cette même journée du 9 janvier 1993. Il avoue enfin avoir tenté d'assassiner une amie, dans le même laps de temps, en forêt de Fontainebleau, alors qu'il devait lui restituer une grosse somme qu'elle lui avait confiée.

L'évocation de cette affaire hors norme est l'illustration que notre pays est l'un des rares où la conduite d'une enquête criminelle n'est jamais limitée par les coûts, en moyens matériels, en expertises ou même en enquêteurs. Les gendarmes, alors remarquablement commandés par un jeune capitaine, Jean-François Impini, passent au tamis de maçon tous les gravats de la chambre des enfants. Ils finissent par retrouver au bout de plusieurs jours, comme nous l'espérions, les douilles des munitions. Les expertises balistiques de ces pièces à conviction essentielles démontrent que la même arme a été utilisée non seulement pour donner la mort aux jeunes enfants de Jean-Claude Romand, mais également à ses deux parents et à leur chien. Cet élément parmi de nombreux autres conforte la préméditation, transformant lesdits meurtres en assassinats.

La médiatisation de l'affaire tient à la personnalité de Jean-Claude Romand, à toutes ces années de mensonges et de vie factice, à cette forme d'imposture. Les expertises psychiatriques sont essentielles pour déterminer la responsabilité pénale du prévenu, mais également pour tenter de comprendre pourquoi et comment il a pu si longtemps tromper son monde, et, bien sûr, pour cerner les motivations profondes de ces homicides. Nous avons tenté de reconstituer les faits et gestes de l'homme durant les quelques jours précédant les faits – presque heure par heure –, ce qui donne une idée précise du degré de préparation des meurtres et de leur préméditation.

Je commets d'emblée trois collèges de deux experts psychiatres afin d'éclairer sa personnalité, conscient que les déclarations de Jean-Claude Romand peuvent évoluer avec le temps. C'est pourquoi je demande à l'un d'eux, le Dr Olivier Laurent, de le rencontrer une première fois très rapidement après son inculpation, puis de le revoir régulièrement. Ce dispositif inhabituel s'avère en l'occurrence décisif pour analyser la façon dont Romand adapte son comportement et son discours.

En parallèle, nous reconstituons sa vraie vie et son itinéraire pendant toutes ces années de mensonges à partir d'éléments objectifs, par exemple ses flux bancaires, pour les confronter à ses déclarations. C'est ce que la loi appelle la « manifestation de la vérité », mission fondamentale de toute enquête judiciaire. Elle consiste d'un côté à recueillir toutes les preuves possibles, de l'autre, à permettre à la personne mise en examen de livrer ses explications et, par là même, de relever les contradictions. On recherche moins l'aveu en tant que tel que les éclaircissements du mis en examen. André Malraux aurait écrit : « Juger, c'est comprendre. » En justice, c'est bien plus compliqué que cela : nous nous efforçons de déterminer ce qui a pu décider un homme à passer à l'acte pour être en mesure de le juger aussi précisément que possible.

Le travail du juge d'instruction, appuyé de son greffier, des enquêteurs, des experts, du ministère public et des avocats qui apportent leur éclairage, est d'amener à la cour d'assises tous les éléments utiles pour décider de la culpabilité et prononcer éventuellement des peines. En d'autres termes, il convient impérativement de cibler les bonnes questions, de les poser à la personne mise en examen, aux témoins, aux experts, afin de leur apporter des réponses pertinentes au moyen de preuves tangibles. En argot judiciaire, le juge d'instruction est appelé le « curieux », par opposition à l'avocat, surnommé le « bavard ». Pour le magistrat, ce processus s'apparente parfois à une sorte de maïeutique[1].

Dans le cas de notre affaire, l'une des grandes questions a été : comment sa femme et ses parents, ses amis, ont-ils pu ne pas se rendre compte de l'imposture ? La même question peut être posée autrement, à la manière des experts psychiatres : quelle place les traits narcissiques d'une telle personnalité peuvent-ils laisser à l'altérité et à la conscience de l'autre ? À quel moment une telle personnalité est-elle capable de sincérité[2] ?

---

1. Selon Socrate, la maïeutique est l'art de conduire l'interlocuteur à découvrir et à formuler les vérités qu'il a en lui.

2. Jean-Claude Romand est condamné en 1996 à la réclusion criminelle à perpétuité assortie d'une peine de sûreté de vingt-deux ans, c'est-à-dire le maximum légal prévu par la loi pour le crime d'assassinat. Il bénéficie en juin 2019 d'une mesure de libération conditionnelle après vingt-six ans de détention. Il est depuis hébergé à l'abbaye de Fontgombault (« Jean-Claude Romand, condamné pour le meurtre de sa famille sort de prison après 26 ans », *Le Monde* avec AFP, 28 juin 2019).

*

L'instruction se déroule à charge et à décharge, avec ou sans aveux. Le juge d'instruction n'a pas à déterminer la culpabilité du mis en examen, mais seulement, et c'est déjà beaucoup, à estimer s'il existe contre lui des « charges suffisantes » pour qu'il comparaisse devant la cour d'assises.

Je me souviens ainsi d'une affaire de meurtre commis dans une boîte de nuit, en présence de nombreux témoins. Tous décrivaient deux tireurs, ayant chacun tiré avec son arme, et l'on avait relevé deux victimes, supposant que chaque arme avait touché l'une d'elles. Les tireurs ont bien entendu été inculpés. Mais, finalement, une analyse au microscope électronique, nouvelle technique à l'époque, a permis de retrouver des fibres de cuir du blouson de la première victime, emportées par la balle découverte dans le corps de la seconde. Cela mettait donc hors de cause l'un des deux inculpés. Il faut parfois douter des évidences…

Une autre affaire illustre ce doute nécessaire quand il est raisonnable, et l'impératif de ne pas s'en tenir aux apparences, parce que l'on doit instruire à charge et à décharge. Les gendarmes sont appelés dans une maison dont le père de famille a été poignardé. S'y trouvent aussi sa femme, leurs cinq enfants et une amie. Celle-ci déclare avoir porté les coups de couteau pour protéger la femme que l'homme violentait. L'affaire paraît simple avec de tels aveux spontanés. Mais, sur le plan humain, quelque chose « cloche », comme on dit, autant chez la femme que chez l'amie, qui persiste à s'accuser du meurtre.

Je me souviens de cette nouvelle audition de la compagne dans mon cabinet, quelques mois plus tard. Après des heures passées à évoquer ses relations avec son mari, elle comprend que je doute de la version qu'elle m'a livrée avec son amie. Dans la pénombre, après un long silence, qui est souvent un allié pour le juge, cette femme lâche : « Bon, d'accord, c'est moi qui l'ai tué. » La greffière allume discrètement sa lampe, se met au clavier et nous prenons ses déclarations. Il est trop tard pour faire venir l'inculpée, en détention depuis plusieurs mois. Le lendemain, celle-ci est amenée dans mon bureau. Je lui présente la déposition de son amie et elle finit par avouer qu'elle n'est pas l'auteure des faits. Elle m'explique que, considérant que sa propre vie n'a pas de but, elle a convaincu son amie de la laisser s'accuser elle-même, afin que la mère de famille puisse s'occuper de ses cinq enfants. Nous le voyons ici, les contours de la vérité ne sont pas toujours si nets…

*

Les fonctions du juge d'instruction et du parquet sont bien sûr différentes, et leur statut diverge aussi. Le parquet est le seul à pouvoir exercer les poursuites, à conduire une politique pénale. Mais certaines prérogatives et caractéristiques sont communes aux deux postes. Il en est ainsi de l'impartialité, un devoir impérieux dans la conduction et la direction des enquêtes, qui consiste à se placer à égale distance des parties, victimes ou personnes poursuivies, ce qui n'empêche pas de prendre des positions tranchées, de « décider », au terme d'une argumentation, d'une motivation. Il s'agit d'une garantie pour une justice indépendante. On passe aisément du siège au parquet au cours de sa carrière, et inversement, parfois successivement.

Je relève après plus de trente ans de métier combien cette notion centrale est parfois difficile à investir, et combien il est important de la transmettre aux jeunes générations ou aux nouveaux magistrats qui ont connu une autre vie professionnelle, ce qui est le cas pour plus de la moitié d'entre eux, de quoi tordre le cou à l'idée d'un corps sclérosé, animé par le corporatisme. Ces magistrats ont exercé un autre métier, avocat, policier ou gendarme, éducateur, magistrat administratif ou financier, enseignant, universitaire, cadre dans le privé et même médecin !

Bien qu'ayant connu à Bourg-en-Bresse des affaires et des enquêteurs extraordinaires, je souhaite me rapprocher de Lyon, où se trouvent ma femme et mes enfants. Faute de poste vacant à l'instruction, je demande le parquet, que j'intègre en septembre 1995. J'y découvre la dimension du collectif, sous l'autorité du procureur de la République qui définit la politique pénale, dirige les enquêtes tant qu'il ne saisit pas un juge d'instruction pour les affaires les plus complexes. Le parquet définit donc le périmètre des enquêtes, alors que le juge d'instruction les conduit. On comprend l'importance de se coordonner en vue de lutter contre des réseaux criminels et de mener des actions en profondeur.

C'est aussi l'époque où l'on entreprend au parquet de Lyon des alternatives aux poursuites plutôt que classer sans suite, faute de pouvoir faire juger par un tribunal toutes les procédures, pour les plus simples et les moins graves. Nous proposons ces alternatives par l'intermédiaire des délégués du procureur, dans les maisons de justice, sous la forme de stages, rappels à la loi, médiation pénale, suivi socio-éducatif ou médical, remise volontaire du permis de conduire, ou peines exécutées volontairement dans le cadre des compositions pénales. Finalement, cette créativité, qui est le propre des procureurs, sera consacrée par la loi. Aujourd'hui, les alternatives aux poursuites représentent près de la moitié de la réponse judiciaire.

Lyon est aussi pour moi l'occasion de découvrir les politiques partenariales en collaboration avec les collectivités territoriales et les administrations. Dans ces années 1990 apparaissent des structures comme le comité opérationnel de lutte contre le travail illégal[1], devenu depuis comité départemental antifraude. L'idée générale est de coordonner les actions qui relèvent de l'administration, les procédures administratives, avec celles de la justice, c'est-à-dire les procédures pénales.

Je me retrouve aux côtés de François Molins, alors procureur adjoint, notamment pour l'organisation de la lutte contre le blanchiment en articulant le renseignement et l'action judiciaires. Nous tâtonnons sur tous les plans. Depuis, la loi a considérablement élargi les possibilités d'action contre le blanchiment et sa répression,

1. Le Colti, devenu le Codaf.

notamment sur l'« action patrimoniale » incarnée par la confiscation des biens mal acquis ou criminels. La fin des années 1990 marque une avancée sur le plan du droit pénal financier, le parquet de Lyon étant en pointe avec la création du premier « parquet financier » par Pierre Truche, par ailleurs procureur général au procès de Klaus Barbie. Nous arrivons au terme du cycle des premières affaires dites « politico-judiciaires », comme les dossiers Noir-Botton[1].

Après cinq ans passés au parquet économique et financier, le procureur de la République, Christian Hassenfratz, me propose le poste de secrétaire général. J'accepte avec enthousiasme. Mon entretien avec François Molins, dont je reprends certaines attributions, me revient en mémoire. J'entends encore son conseil, donné d'une voix douce, exprimant la générosité humaine qui est la sienne : « Ne faites remonter au procureur que les problèmes que vous n'aurez pas pu ou su résoudre vous-même, votre rôle est tout autant de soutenir les collègues en difficulté. »

Je regagne pour la troisième fois le parquet de Lyon en 2004, à la création des Jirs, structures spécialisées composées de magistrats eux-mêmes spécialisés pour lutter contre la criminalité organisée. Huit Jirs sont créées en France et en outre-mer, dont une à Lyon. La loi Perben II de 2004, qui en est à l'origine, restera l'une des grandes lois de procédure pénale. Elle innove aussi par la mise en place d'une formation continue

1. Michel Noir sera condamné pour un certain nombre de malversations commises avec son gendre et ex-directeur de campagne Pierre Botton.

spécifique rassemblant à la fois ces magistrats spécialisés du parquet, de l'instruction, des formations de jugement, au niveau des tribunaux et des cours d'appel. Une autre innovation est la création de techniques spéciales d'enquêtes, réservées au cas les plus graves comme l'infiltration ou les sonorisations, et le déploiement des moyens humains nécessaires à cette réforme dès avant son entrée en vigueur !

Ce dispositif nous permet de démanteler d'importants groupes agissant dans le banditisme et les trafics de stupéfiants. Le « milieu lyonnais » est historique et puissant. Mais Lyon est aussi situé sur des axes stratégiques pour les trafics, entre le Sud et le Nord, l'Europe centrale, la péninsule Ibérique, la péninsule Italienne. L'action internationale est l'un de nos axes de travail et nous parvenons pour la première fois à engager systématiquement des actions coordonnées avec nos collègues d'autres pays, notamment avec le développement d'Eurojust, l'agence judiciaire européenne. Je participe ainsi pendant plusieurs années à un projet européen de création d'une base de données judiciaires contre la criminalité organisée, le projet Epoc (European Pool against Organised Crime). Nous avançons à pas de géant sur l'entraide internationale, la conduite des investigations à l'étranger, mais aussi la coordination des poursuites.

C'est un petit monde où, animés par la même volonté d'allier efficacité et légalisme, nous nous connaissons tous – Jirs, Eurojust, homologues étrangers, enquêteurs. Nous mettons au jour l'ampleur de certains réseaux criminels dont l'importance nous surprend parfois, à l'image de cette organisation criminelle basée en Hollande, agissant tant en Espagne qu'en Grande-Bretagne et en Turquie. Elle finançait un trafic d'armes et de cocaïne par le trafic de cannabis, transporté par dizaines de tonnes. Nous parviendrons à faire extrader des Pays-Bas le chef de l'organisation, de nationalité néerlandaise, pour le faire juger à Lyon.

Tout cela est rendu possible grâce au principe de la reconnaissance mutuelle des décisions de justice en Europe, retenu au sommet européen de Tampere en 1999, qui permet quelques années plus tard, après les attentats du 11 septembre 2001, la création du mandat d'arrêt européen marquant la fin de l'impunité pour les bandits et trafiquants français réfugiés en Espagne. Souvent la loi se construit après des catastrophes qui poussent les décideurs à agir.

Cette période est extraordinaire sur le plan franco-français, pour la première fois les actions entre les différentes Jirs sont coordonnées, et sont nouées avec des services d'enquête, les offices centraux, des relations privilégiées basées sur la confiance, la recherche de l'efficacité et le respect absolu de la légalité. J'ai beaucoup de considération et d'admiration pour ces policiers et gendarmes, ces experts, qui font preuve d'un tel engagement. Dans ce contexte, la Jirs lyonnaise traitera avec la Jirs de Marseille un dossier de fausse monnaie relatif à la fabrication de faux dinars algériens, à partir de papier fiduciaire authentique obtenu à la suite d'un braquage. L'imprimerie sera finalement démantelée à Villeurbanne.

*

L'époque est également au développement des interceptions en haute mer aux côtés de la Marine nationale, épisodes marqués par des affaires au dénouement d'une incroyable complexité. Je me remémore une plongée dans le milieu grenoblois, des parrains historiques aux nouveaux caïds des cités multipliant les règlements de comptes.

Aujourd'hui, personne ne remet en cause la nécessité de spécialisation des services d'enquête, comme des magistrats, pour que la lutte contre la criminalité organisée soit la plus efficace possible. L'organisation française est d'ailleurs un modèle. Il faut non seulement une vraie connaissance de cette délinquance de haute intensité et de ses méthodes, mais aussi disposer de techniques procédurales spécifiques, maniées avec d'autant plus de précaution et de pertinence qu'elles sont attentatoires aux droits et libertés au demeurant justifiées par la dangerosité des réseaux concernés. Le décodage récent de systèmes de communication cryptée comme Sky ECC[1] ou Encrochat prouve l'ampleur véritable et la dangerosité objective de ces réseaux, y compris pour nos démocraties.

Ces structures cherchent non seulement à contrôler un territoire, une cité ou un quartier, mais également à en

1. En décembre 2022, une opération menée par Europol conduit au démantèlement du super cartel alors considéré comme le principal importateur de cocaïne en Europe. À sa tête, un groupe composé du Marocain Ridouan Taghi, chef de la redoutable Mocro Maffia, du Napolitain Raffaele Imperiale, de l'Irlandais Daniel Kinahan et du Bosnien Edin Gacanin. Sky recèle plus d'un milliard de messages, vidéos et photos, dont certaines, insoutenables, de règlements de comptes. Certaines victimes sont introduites encore vivantes dans d'énormes hachoirs à viande…

contrôler la population, en agissant sur trois leviers : la peur, l'argent et la corruption de bas étage. La peur, par la violence et les règlements de comptes (c'est pour cela que penser qu'il n'est pas grave que les trafiquants s'entretuent équivaut à occulter le fait que la violence extrême donne un vrai pouvoir par la crainte qu'elle inspire) ; l'argent, par les « emplois » que génèrent les trafics et surtout par l'image de la réussite affichée par les têtes de réseau ; la « petite corruption », pour éradiquer tout ce qui gêne les trafiquants.

Il s'agit là d'une menace réelle pour nos sociétés, partout dans le monde. Sans parler de la situation italienne, si spécifique : je constate une vraie dérive de type mafieux, où les réseaux ne se contentent pas de gagner de l'argent mais veulent aussi détenir un pouvoir social qui leur permettrait d'en gagner encore plus. Il serait préjudiciable que les nouvelles mafias, aux activités et visées internationales, s'engagent dans une guerre contre les États comme l'ont fait jadis les mafias italiennes avec l'assassinat des juges Falcone et Borsellino[1]. L'inquiétude manifestée récemment par la Belgique et les Pays-Bas doit être prise au sérieux.

Crime structuré et corruption vont de pair. Sur le plan international, la convention de Palerme[2] contre la criminalité organisée s'accompagne de celle de Merida contre

1. Les assassinats des juges Pierre Michel et François Renaud, en 1981 à Marseille et en 1975 à Lyon, s'inscrivaient dans une action contre la justice incarnée par les juges d'instruction, mais non dans une volonté de prise de pouvoir social.

2. En novembre 2000 se tient à Palerme la Convention des Nations unies contre la criminalité transnationale organisée. Elle est suivie en

la corruption. L'une ne va pas sans l'autre. La France semble pour l'heure relativement préservée par rapport à d'autres pays, mais la menace existe. On assiste ainsi dans les cités à une dérive de groupes criminels, conscients de l'utilité d'exercer ce pouvoir social sur la population, à travers les « nourrices[1] » qui dissimulent argent et drogue, les guetteurs, payés à la vacation, la peur, surtout, et la loi du silence assortie d'une corruption de bas niveau ciblant des gens qui sont sur le terrain, des fonctionnaires, des représentants des bailleurs sociaux, des représentants du monde associatif, des élus locaux, des avocats…

L'action patrimoniale – c'est-à-dire la confiscation des biens et du patrimoine – est aujourd'hui une dimension essentielle de la lutte contre la grande délinquance, pour la gêner dans la reconstitution de ses réseaux. Il est illusoire d'imaginer pouvoir l'éradiquer. Dans une société de liberté, même structurée comme la nôtre, elle persistera sous l'effet de la mondialisation. Les enjeux financiers sont gigantesques. Il est possible aujourd'hui de confisquer ce qui n'appartient pas officiellement au trafiquant s'il est démontré qu'il en est le bénéficiaire économique. Cette législation très complexe nécessite une compétence très pointue, corollaire logique de son caractère particulièrement attentatoire au droit de propriété qui doit toujours pouvoir être justifié. Une agence

octobre 2003 à Merida, au Mexique, par la Convention des Nations unies contre la corruption.

1. Une nourrice est un habitant de la cité, souvent une femme seule d'origine européenne, chez laquelle sont stockés argent et drogue.

spécialisée, l'Agence de gestion et de recouvrement des avoirs saisis et confisqués (Agrasc), gère maintenant un patrimoine considérable, démontrant que l'action judiciaire peut aussi « rapporter » !

*

Marseille est une autre étape marquante dans ma carrière. J'y arrive en 2009, appelé par le procureur de la République, Jacques Dallest, qui a été mon maître de stage à l'instruction vingt ans plus tôt. J'y suis son adjoint direct pour superviser le fonctionnement des deux divisions du parquet : la division générale, qui traite la délinquance classique, et la division spécialisée, qui gère les pôles spécialisés : Jirs, pôle santé publique, Juridictions du littoral spécialisées (Julis) pour les affaires de pollution marine en Méditerranée, pôle des affaires militaires, etc.

À l'échelle de la France, Marseille est la ville des paroxysmes. Tout ici est excessif, en particulier la violence, les règlements de comptes, les attaques de fourgons blindés ou de centres forts, les atteintes à la probité, la violence des adolescents, la richesse et la pauvreté. J'ai le souvenir de ces 11 000 vols avec violences commis en une seule année pour la ville de Marseille. L'activité de la Jirs relève aussi de l'extraordinaire. Nous prenons la décision stratégique de nous saisir des règlements de comptes les plus significatifs dans ce qui est alors appelé la « recomposition du banditisme corse ». C'est un banditisme aux facettes et aux dimensions multiples, nationales et même internationales, en Corse bien sûr, mais aussi à Marseille ou à Aix-en-Provence, à Paris, avec les cercles de jeux, en Afrique. Mon expérience marseillaise est inoubliable, marquée par la démesure et par cette capacité incroyable de Jacques Dallest de garder toujours suffisamment d'énergie pour être à l'initiative de projets nouveaux, plutôt que de se contenter de subir la cascade ininterrompue de crimes et délits.

*

J'arrive à Montpellier en 2013, comme procureur de la République, dans une juridiction dont l'activité et les moyens sont deux à trois fois moindres qu'à Marseille. Pourtant, le niveau de violence et de complexité y est fort élevé. La proximité avec l'Espagne, l'autoroute A9, le port de Sète, seul à posséder des liaisons régulières avec le Maroc et la Turquie, l'expérience de certaines filières, les relations internationales qu'elles entretiennent donnent à la juridiction de Montpellier une importance particulière dans la criminalité organisée. S'ajoute le dynamisme de cette grande métropole régionale si attachante. J'y passe six ans, sans voir défiler les jours, avec une équipe extraordinaire de magistrats, greffiers, juristes assistants, assistants spécialisés, assistants de justice, enquêteurs. C'était intense, difficile, mais avec tant d'engagement et d'enthousiasme que tout paraissait devenir facile. Quelle force dans ce collectif !

Je me souviens du 9 janvier 2015. La France est encore sous le choc des attentats de *Charlie*, deux jours plus tôt, et la prise d'otages de l'Hyper Cacher a commencé vers 13 heures. Elle est en cours alors que je prends la parole pour présenter mes réquisitions à l'audience solennelle de rentrée du conseil de prud'hommes. Mon téléphone ne cesse de vibrer. Aussitôt rassis, je lis mes messages dans la précipitation : la permanence m'apprend qu'une prise d'otages est en cours au centre de Montpellier, par un homme habillé en noir, dans une bijouterie… Le quartier a été évacué, dans un vent de panique. Tout le monde fait le lien avec les attentats. Je quitte la salle d'audience dans la précipitation pour me rendre sur les lieux.

J'y retrouve d'abord la brigade de recherche et d'intervention (BRI) de Montpellier, dont j'ai pu apprécier la qualité et le commandement, le directeur de la PJ, puis le Raid, venu de Marseille, avec lequel je travaille en confiance pour avoir partagé avec lui plusieurs affaires délicates. Les décisions majeures sont prises à trois : le chef du dispositif du Raid, le directeur de la PJ et moi-même. Après neuf heures de négociations, le preneur d'otages se livre enfin. Ce n'était qu'un braquage mais je me souviens du lien de confiance tissé ce jour-là avec les médias pour ne pas alarmer inutilement la population. L'information n'a pas dérapé. Le scénario se répète en 2016, peu après Saint-Étienne-du-Rouvray[1],

1. Le 26 juillet 2016 deux jeunes djihadistes agissant au nom de Daech égorgent le père Jacques Hamel dans l'église de Saint-Étienne-du-Rouvray. Ils sont abattus par la police. Trois membres de leur entourage sont jugés pour complicité en mars 2022 (« Attentat de Saint-Étienne-du-Rouvray : entre 8 et 13 ans de prison pour les trois accusés présents », 20minutes.fr avec AFP, 9 mars 2022).

à Montferrier-sur-Lez, près de Montpellier. Un homme, également vêtu de noir, pénètre dans une maison de retraite d'ecclésiastiques avant de poignarder à mort une employée. Finalement, l'hypothèse de l'attentat est ici aussi écartée, sans emballement médiatique incontrôlé.

*

On ne peut conclure sans évoquer des sujets structurants, alors que notre société connaît certaines tensions. La mission fondamentale de la justice est d'apporter la paix civile, dans le cadre de la séparation des pouvoirs, en donnant la légitimité nécessaire à l'action publique et à l'emploi de la force et de la coercition. L'action exercée par la justice constitue donc un véritable pouvoir, c'est une évidence. Pour mettre tout le monde d'accord, disons que l'autorité judiciaire exerce le pouvoir judiciaire. Une question forte est celle de sa légitimité vis-à-vis du législatif et de l'exécutif, qui tirent la leur des urnes. La justice, elle, ne relève pas de l'élection, sauf exception, mais de trois sources convergentes : en premier lieu, les normes qu'elle est chargée d'appliquer et qui lui donnent ses pouvoirs, les conventions internationales, la Constitution et la loi ; en deuxième lieu, le respect des règles de procédure dont elle est à la fois la garante et l'obligée ; enfin, l'existence de voies de recours. C'est le seul pouvoir régalien à y être soumis.

L'ensemble forme un État de droit où chaque individu et chaque institution sont soumis à la loi et non à la force. Plus une société est en tension, plus elle réclame une justice forte, qui dise le droit, impose la loi contre la force. Il est donc nécessaire que l'autorité judiciaire soit indépendante et impartiale, pour déterminer qui a raison et qui a tort, ce qui légitime l'emploi de la force. La séparation des pouvoirs n'a d'autre sens que de les équilibrer pour permettre une action collective légitime et non pour qu'ils se neutralisent mutuellement. Ils se renforcent les uns les autres, se légitiment ensemble et non isolément.

Pour toutes ces raisons, nous regardons l'actuelle réforme de la police judiciaire avec circonspection. Celle-ci doit demeurer sous la direction et le contrôle exclusif de l'autorité judiciaire dans les faits, pas seulement dans les principes. Il convient de conserver l'approche révolutionnaire de Georges Clemenceau, l'initiateur des brigades du Tigre, en abandonnant une vision locale au profit d'un spectre élargi, régional et même national de la délinquance et de la criminalité, auquel il convient d'ajouter aujourd'hui un regard international. Conservons l'exceptionnelle qualité de nos services les plus spécialisés de la police judiciaire et des sections de recherche de la gendarmerie.

J'insiste sur la qualité de nos services d'enquête spécialisés, dotés d'une compétence extraordinaire. Je peux témoigner que nous sommes une référence en Europe et dans le monde. Le traitement judiciaire de la criminalité organisée en France demeure un exemple, y compris dans la phase de jugement. C'est ce qui nous différencie de nos amis italiens qui, en revanche, disposent dans la phase d'enquête d'un système informatique judiciaire incroyable géré par la DNA[1]. Nous devrions nous en inspirer.

1. Direction nationale antimafia.

Pour terminer, je voudrais évoquer la question du statut du ministère public. Les principes européens ne remettent pas en cause notre statut avec un corps unique de magistrats. Le Conseil constitutionnel, prenant acte de la loi de 2013 qui a mis fin aux instructions individuelles, écrit mot à mot : « La Constitution consacre le principe d'indépendance des magistrats du parquet », s'inscrivant dans une organisation hiérarchique mais qui préserve l'indépendance du ministère public. De fait, nous parlons de procureur de la République, non de procureur de l'État ou du gouvernement. Il serait logique que les garanties de cette indépendance, dans le cadre de l'organisation spécifique propre au ministère public, soient alignées sur celles confiées aux magistrats du siège.

Notre tradition juridique et la place qu'y prend l'impartialité, nos principes républicains, rendent nécessaire l'indépendance du ministère public si l'on souhaite qu'un juge tout aussi indépendant et impartial soit saisi des dossiers les plus délicats. C'est une garantie d'équilibre démocratique qui implique de modifier la Constitution, sur un large consensus politique. Les événements récents démontrent à la fois la nécessité et les capacités d'une institution judiciaire dont l'indépendance garantit l'efficacité : elle en a fait la preuve dans le traitement de la mort du jeune Nahel, des émeutes qui se sont ensuivies et des tensions qui ont cours dans notre société.

Je suis donc optimiste, nous sommes volontaires.

Lexique

Action publique : Action conduite au nom de la société en vue de réprimer une infraction en application de la loi pénale.

Agrasc : Agence de gestion et de recouvrement des avoirs saisis et confisqués.

CEDH : Cour européenne des droits de l'homme.

Cepej : Commission européenne pour l'efficacité de la justice.

Chambre de l'instruction : Anciennement chambre d'accusation, elle est une formation de jugement de la cour d'appel qui connaît principalement des recours contre les décisions des juges d'instruction ou des juges des libertés et de la détention.

CJUE : Cour de justice de l'Union européenne.

CNPR : Conférence nationale des procureurs de la République.

Cour criminelle : Depuis le 1er janvier 2023 la Cour criminelle composée exclusivement de magistrats professionnels juge sur l'ensemble du territoire français (excepté Mayotte) les personnes accusées de crimes punis de quinze à vingt ans de réclusion.

Cour d'appel : Juridiction du second degré chargée de statuer sur les appels formés contre les décisions rendues en première instance.

Cour d'assises : Cette juridiction juge les personnes accusées de crimes punis de plus de vingt ans de réclusion. Elle est composée de neuf jurés tirés au sort et de trois magistrats.

Cour de cassation : La plus haute des juridictions de l'ordre judiciaire, pendant du Conseil d'État dans l'ordre administratif. Elle ne statue qu'en droit sur le respect de la loi applicable au regard des éléments de faits relevés par le juge du fond, en toutes matières, civiles, commerciale, pénale, prud'homale.

CSM : Conseil supérieur de la magistrature.

Dacg : Direction des affaires criminelles et des grâces.

DDPN : Direction départementale de la police nationale.

DDSP : Direction départementale de la sécurité publique.

Déférement : Mesure de contrainte décidée à l'issue d'une garde à vue, qui consiste à présenter une personne à l'autorité judiciaire compétente.

DZPJ : Direction zonale de la police judiciaire.

DZPN : Direction zonale de la police nationale.

ENM : École nationale de la magistrature.

Garde à vue : Mesure privative de liberté provisoire prise à l'encontre d'une personne suspectée d'avoir commis une infraction. Elle est limitée à vingt-quatre heures, et peut être prolongée pour une durée totale de quarante-huit heures ou quatre-vingts heures voire cent quarante-quatre heures pour des infractions spécifiques, trafic de drogue, terrorisme…

Jirs : Juridiction interrégionale spécialisée.

JLD : Juge des libertés et de la détention.

Juge d'instruction : Magistrat rattaché au tribunal judiciaire, chargé des enquêtes judiciaires, qu'elles soient criminelles ou délictuelles. Il intervient en amont du procès.

Junalco : Juridiction nationale chargée de la lutte contre la criminalité organisée.

Mise en examen : Décision prise par un juge d'instruction dans le cadre d'une information judiciaire quand il existe des indices graves et concordants d'avoir commis une infraction.

Ofast : Office antistupéfiants.

Ordonnance de non-lieu : Décision prise par un juge d'instruction à l'issue de l'enquête judiciaire, qui consiste à clore l'instruction sans poursuites judiciaires.

Ordonnance de renvoi : Ordonnance rendue par le juge d'instruction qui constate l'achèvement de la procédure d'instruction et renvoie l'affaire devant le tribunal correctionnel.

Partie civile : Désigne la personne qui s'estime victime d'une infraction pénale et qui intervient dans une procédure pour obtenir une indemnisation.

Pnat : Parquet national antiterroriste.

PNF : Parquet national financier.

Prescription : Période au-delà de laquelle il n'est plus possible de poursuivre l'auteur d'une infraction.

Ressort : Désigne l'étendue de la compétence géographique d'une juridiction.

Tribunal correctionnel : Compétent pour juger un prévenu susceptible d'avoir commis un délit sanctionné par une peine de prison inférieure à dix ans.

Tribunal judiciaire : Anciennement tribunal de grande instance, le TJ est une juridiction de premier degré.

Table

CET OUVRAGE
A ÉTÉ ACHEVÉ D'IMPRIMER
SUR ROTO-PAGE
PAR L'IMPRIMERIE FLOCH
À MAYENNE EN OCTOBRE 2023

N° d'édition : 66100/01- N° d'impression : 103347

Imprimé en France